科学的印迹：书信

家国情怀

刘赫铮 彭慧元 编著

中国科学技术出版社
·北 京·

图书在版编目（CIP）数据

科学的印迹．书信／刘赫铮，彭慧元编著．—北京：中国科学技术出版社，2022.7（2024.7 重印）
（家国情怀）
ISBN 978-7-5046-9415-7

Ⅰ.①科… Ⅱ.①刘… ②彭… Ⅲ.①科学家–书信集–中国–现代–青少年读物 Ⅳ.① K826.1-49

中国版本图书馆 CIP 数据核字（2022）第 002420 号

责任编辑	韩　颖
装帧设计	中文天地
责任校对	吕传新
责任印制	徐　飞

出　　版	中国科学技术出版社
发　　行	中国科学技术出版社有限公司
地　　址	北京市海淀区中关村南大街 16 号
邮　　编	100081
发行电话	010-62173865
传　　真	010-62173081
网　　址	http://www.cspbooks.com.cn

开　　本	710mm × 1000mm　1/16
字　　数	165 千字
印　　张	9.25
版　　次	2022 年 7 月第 1 版
印　　次	2024 年 7 月第 2 次印刷
印　　刷	德富泰（唐山）印务有限公司
书　　号	ISBN 978-7-5046-9415-7 / K · 318
定　　价	49.00 元

前言

2010年5月，“老科学家学术成长资料采集工程”（简称“采集工程”）正式启动。这项工作致力于搜集、整理、保存、研究中国科学家的学术成长资料，以此记录和展示中国科学家个人科研生涯与中国现代科技发展历程。老科学家是中国科技事业的宝贵财富。新中国从一个贫穷落后的农业国，成长为一个日益繁荣富强的科技大国，在这一过程中，无数科技工作者献出了辛勤的工作。作为这一过程的见证者和参与者，老科学家留下了丰富的资料，包括手稿、档案、书信、照片等。这些资料记录着他们科研道路上的点点滴滴。他们的辛苦、决心、毅力，他们为国为民的气魄和勇气，是中华民族的宝贵财富。

“十四五”规划关于完善科技创新体制机制中明确“要弘扬科学精神和工匠精神，加强科普工作，营造崇尚创新的社会氛围”。科学家的日记、书信和手稿是个人的书写记录，一笔一画、一字一句、一行一页，笔落之处皆一丝不苟，记下的是科研过程、交流体会、思想历程，体现的是科学家本人一丝不苟的学风、敢于攀登的勇气、携手前进的胸怀。这些珍贵的手稿中流淌着鲜活的历史气息、洋溢着浓郁的科学芬芳、蕴含着深厚的家国情怀，见证了中国科学领域的发展，也见证了科学家认真严谨的工作精神。科学精神和科学发展轨迹，从科学家的日记、书信和手稿这些真实记录中凸显出来，尤其是那些在尚未普及个人计算机的年代留下的笔迹，更是弥足珍贵。

期望读者和我们一起通过阅读科学家的书信、日记和手稿资料，了解和走近科学大师，领略科学家昂扬的风采，宽广的胸怀。开卷让人受教良多、掩卷令人景仰有加。

目录

激光陀螺专家——高伯龙

高伯龙（1928 年 6 月—2017 年 12 月），出生于广西南宁。激光陀螺专家，我国激光陀螺仪研究领域的开拓者和领军人物，中国工程院院士。国防科技大学光电科学与工程学院教授、博士生导师。高伯龙从小就显露出过人的天赋，理科成绩特别好。1951 年从清华大学物理系毕业后，先后工作于中国科学院应用物理所、哈尔滨军事工程学院，1978 年调任国防科技大学工作至今。大学毕业后的高伯龙没有停止学习，而是继续学习了很多物理学知识，他的志向不只是教书，而是从事科学研究。直到 1975 年被分配到一个专门研究激光陀螺仪的教研室，高伯龙的物理学知识派上了用场。

假如没有高伯龙，我国激光陀螺研制的成功很可能还要探索更长时间。

1. 成为激光陀螺仪领域领军人物

▷**陀螺仪**是一种可以精确测定运动物体的方位的仪器。陀螺仪是航空、航海及太空导航系统中判断方位的主要依据，飞机、飞船、飞弹、人造卫星、潜艇等都需要使用陀螺仪。

激光**陀螺仪**是在1962年美国率先开始研究的，在此之后，包括中国在内的世界各国开始了相关研究，但一直没有取得成功。直到20世纪60年代末，美国在相关研究工作中取得突破，才引发新一轮的研究热潮。

高伯龙参加工作后，很快显示出过人的才华。当时教研室虽然已经开展了几年激光陀螺仪的研究，但是进展不大，一些基本问题也没搞清楚。高伯龙凭借自己多年学习积累的理论知识，迅速发现了一些问题并加以解决，让研制工作很快有了突破。

当年学术交流的渠道很有限，没有充足的信息可以利用。高伯龙最初只能借助两页纸的简单介绍资料，研究新型激光陀螺仪的原理。他学习能力极强，广泛阅读有关材料和论文，还广泛了解中国在相关领域的水平，从而拟订了可行的研制方案。研究室的同事们说，只要有高伯龙在，理论上的问题就都能解决。其他单位的相关研究人员也非常信服高伯龙的学术水平。1976年，相关研究单位组织了联合攻关小组，开展研制实验。当时**中国计量科学院**做激光实验，把实验数据寄给高伯龙进行分析，高伯龙告诉他们哪些地方是错误的、哪些地方需要改进。几个月下来，中国计量科学院的激光实验水平提高很快。可以说，高伯龙通过各种方式提高了整个中国激光陀螺仪研制的水平。

▷**中国计量科学院：**全称中国计量科学研究院，简称国家计量院，成立于1955年。自成立以来，在推动我国科技创新、经济社会发展和满足国家战略需求方面做出了重要贡献。食品安全、三峡工程、航空航天、卫星导航、西气东输、高速铁路等重要领域都离不开国家计量院的支撑。

2. 实践验证理论

科学研究不是一个简单的过程，从理论到应用要经过很多次试验、改进，高伯龙主持的激光陀螺仪也是这样。1978 年，高伯龙和国防科技大学的几位同事与国防科工委副主任钱学森在北京见面，讲述他们研制激光陀螺仪的情况。钱学森发现高伯龙对激光陀螺仪的重要性有清楚的认识，并且研究工作做得很好，因此他不仅支持高伯龙的研制工作，还建议他到航天部门作报告，因为陀螺仪是航天事业不可缺少的部件。在这之后，高伯龙连续拜访了几个航天部门，并与他们建立了良好的合作关系，这在一定程度上推进了激光陀螺仪的研制工作。

最初，国防科技大学的研发设备不齐全，经常需要改造旧设备，研制工作进行得异常艰难。1978 年，高伯龙带领同事研制出了两代**原理样机**，又在 1979 年制造出第三代原理样机，把理论初步变成现实。其间，光是把原理样机做好，就经历了至少三次改进。1979 年 7 月，高伯龙在全国惯导与激光陀螺会议上作报告，得到同行的一致认可。之后，高伯龙团队又制造出原理样机整机。通过测量地球自转角速度的数据，并与其他研究单位制作的陀螺仪测量数据比较，高伯龙的样机是当时样机中精度最高的。

◁**原理样机**：产品研制一般过程是原理样机—初样样机—试验样机。原理样机类似于原型，能够展示产品工作原理或功能特点的样品机器。原理样机的目的只是验证原理的正确性，确定这条路是对的，但没有考虑怎样实用化。原理样机可以不考虑体积、材料等限制，也不用考虑成本，与可以日常使用的成熟产品有很大的差距。

得知这个结果后，钱学森在北京接见了高伯龙，高伯龙大受鼓舞。这次成功，说明高伯龙的一系列理论研究成果是正确的。当时国外的相关研究并没有很大进展，而中国却取得了成绩，这对中国的科研人员是极大的鼓舞。这次成功也说明高伯龙走的路是对的，方向是正确的。在科学研究中，面对一个未知领域，最难的就是找到正确的方向，方向正确了就找到了通向成功的道路，这也是钱学森如此高兴的原因之一。

3. 从理论到应用的距离

原理样机仅仅是个开始。原理样机研制成功之后，钱学森对高伯龙非常看重，在征得国防科工委主任**张爱萍**的同意后，指示国防科技大学建立一个专门的激光陀螺研究室（又称 208 室），委任高伯龙为主任。

◁**张爱萍**（1910.1—2003.7）：长期从事国防科技和国防工业的领导工作，是我国国防科技事业的杰出领导者。

208 室成立后，研制激光陀螺仪的力量得到增强，但是高伯龙团队的工作却更加忙碌了。研究团队经常加班，争取尽早把原理样机变成实验样机。在制做实验样机的过程中，高伯龙团队解决了很多问题，取得了很多创新性成果。可就在实验样机研制成功、获得全国关注的时候，出现了意想不到的情况。

高伯龙研制的激光陀螺仪是“四频差动激光陀螺仪”，属于第二代陀螺仪。而当时美国的公司同时研制第一代和第二代陀螺仪，美国公司由于在理论上有错误，第二代陀螺仪项目下马了，只留下**第一代陀螺仪**。这就导致国内有人认为，高伯龙是“国外有的不去干，国外没有的偏要干，扼杀了中国的第一代陀螺仪”。当然，这种说法完全是一种曲解。持所谓“扼杀”之说者，其依据并不是经过自己深入研究论证得来，而是完全以国外的情形决定自己的态度，盲目相信国外的先进技术，片面地认为“国外有的就是先进，国外没有的就是落后”，完全不理解高伯龙的成功是由于他在理论上的高水平，以及第二代陀螺仪更符合中国国内科研单位的实际情况；错误地认为既然国外先成功研制了第一代陀螺仪，那么中国就不可能先研制成功第二代四频差动激光陀螺仪，更不知道在研制四频差动激光陀螺仪的过程中所取得的突破有助于第一代陀螺仪的研制。

◁**第一代陀螺仪**和第二代陀螺仪：二者的区别大概是第一代陀螺具备机械部件，而第二代陀螺不依赖机械部件，从而降低了机械抖动造成的影响。

高伯龙认为，国外没有的，中国也完全有可能搞出来，而不是一味跟随国外，这才是中国人的自信；而且他一直建议两代陀螺仪可以同时搞，他自己要研制第二代陀螺仪，但并不反对研制第一代。

幸亏，当时美国有公司重新研发第二代陀螺仪，并且宣称第二代陀螺仪比第一代更好用。航天部门的人把这个消息带回国内，才打消了这些无事生非的言论。不过，这件事也恰好证明了高伯龙在这方面的理论权威。208 室在研制成功四频差动激光陀螺仪的艰难历程中，攻克了一系列工艺技术难关，第一代陀螺仪很快获得成功。

像高伯龙这样具备严谨求实的学术品格的研究人员懂得科技发展的内在规律，对国外科学研究的结论也绝不盲从，而是从根本原理上弄懂弄通、彻底消化吸收，对其错误加以纠正，从而以正确的理论指引工作。

在研制工程样机的过程中，高伯龙发现有一道工艺非常关键，即**镀膜技术**。激光陀螺仪对此技术的要求很高，需要很好的镀膜机才行。当时，国外生产的一种镀膜机被公认是最好的，为此，高伯龙亲自带队考察拥有进口镀膜机的单位，搞清楚了进口镀膜机的工作原理，认为完全可以通过努力自制更加好用的镀膜机。与此同时，208 室采购了一台国产仿制的镀膜机，暂时用来做实验。不过，高伯龙发现这台国产的仿制镀膜机有很多问题，经常出故障。一个真正的科学家从不掩盖错误。在给他人的回信中，高伯龙承认因考察时有失误，没有发现机器故障的问题。

▷**镀膜技术：**也叫薄膜技术，是在真空条件下采用物理或化学方法，使物体表面获得所需的膜体。镀膜技术被广泛应用于耐酸、耐蚀、耐热、表面硬化、装饰、润滑、光电通信、电子集成、能源等领域。

此后，高伯龙带领同事用了好几年的时间，反复维修和改造这台镀膜机，最终把镀膜机改进到完全满足激光陀螺仪的需要，甚至比进口镀膜机更符合要求。

镀膜攻关的重要进展以及相关工艺技术研究的突破，大大加速了 208 研究室激光陀螺仪研制的步伐。初步研制的小型化工程样机在1991年11月通过航天部验收，并提供给航天部有关单位试用，受到一致好评。在同年11月9—13日召开的内腔式四频差动激光陀螺立项评议会上，国家**"863"计划**主题专家组高度评价208研究室的工作成绩，认为"208研究室研制的内腔式四频差动激光陀螺属于国家高技术项目。虽然研究经费不足，但在科研带头人高伯龙的带领下，历经了原理型、实验型和小型样机三个研制阶段，在基础理论、工艺和关键技术方面取得了长足进步，并培养、锻炼出一支老、中、青结合的科研队伍。其激光陀螺研制成果和科研队伍素质处于国内领先地位。在研制激光陀螺的同时，获得了一批高技术附属成果，为今后激光陀螺研制奠定了坚实的技术基础，对其他领域起到了带头作用"。专家组承认把四频差动激光陀螺方案作为主攻方向的正确性，并决定为高伯龙团队提供充足的经费进行下一步研究，以便早日拿出能够直接实用化的陀螺仪。

◁ **"863"计划：**全称"高技术研究发展计划纲要"。由于此计划在1986年3月提出和通过，因此被称为"863"计划。国家组织了200多位专家，选定生物、信息、自动化、新材料、新能源、航天、激光7个领域作为重点。"863"计划取得了丰硕成果，于2016年正式结束。

最终，208研究室经过多年努力攻关，拿出了工程样机的最终版本，通过了"863"计划专家组的验收。在整个研制过程中，高伯龙团队解决的大的技术难关就有几十项，其中的难度只有亲身经历过才能充分体会。

对此，高伯龙总结道："不管我们干得如何艰难，犯了多少错误，外界如何非议，我们能坚持到底，跌倒了能爬起来再干。我们有些同志无私奉献，十多年如一日，攻克了许多技术难关。有些难关的攻克是长期奋斗、屡败屡战、呕心沥血，直到最后成功。辛苦得到的成果由于保密需要不能发表，评级评衔都吃亏。但是，大家把党和人民交给我们的任务看得高于一切。从这个意义上说，我们没有辜负大家的希望。"这就是一个伟大的中国科学家的自白。

中国人民解放军国防科技大学 P.1

高寿祖同志 转

丁衡高主任：

早几天八系代树智同志曾转告高寿祖同志托他带来的话，今天三系薛祖瑞同志又较为详细地转告高寿祖同志和他的谈话，据说还有丁主任的批示。根据这些谈话，我表示意见于下。

首先，请让我介绍一下我们自己的情况。

我是75年7月开始参加此项目的工作的。10多年内一直兢兢业业，不敢懈怠。许多同志和我一起放弃大部分的星期天、节假日，日夜奋战，一直在攻关。我原来是理论物理专业的，发挥了主动能动性，把理论与实验密切结合，找了不少窍门。但主观努力、理论力量到底是有限的，它不能超越物质基础条件的限制。我们到84年1月搞成了四频差动陀螺实验室样机（外腔式），具有较好的性能指标，初步具有一些抗干扰的能力。接着，以航天部12所为主，我们为辅，开展工作将此样机发展为工程样机（外腔式），正取得进展中，估计两年内可鉴定。我们除参加12所的协作外，重点转向内腔式四频差动陀螺和二频机械抖动单陀螺（内

18.01710—6.3

中国人民解放军国防科技大学 P.2

腔式），特别是大力开展镀膜攻关。对于内腔式陀螺，实验室样机与工程样机的差别较小，转向实用所需时间不长。估计90年前后这两种样机至少有一种可以打上天。

经过10多年的实践，理论工作和实验工作，我们深深体会到镀膜的重要性，它是激光陀螺的命根。内腔式和二频陀螺更严重地依赖于光学薄膜的质量。84年，对镀膜，我们开始大规模的攻关和国内外调研。调研的结果，除了肯定早已为人们所知道的最重要的结论："激光陀螺用的膜必须比国内外市场的最好膜片还要好得多，因而研制激光陀螺的单位必须自己狠攻镀膜关"以外，还作出了："国内外市场上的镀膜机都镀不出合格的陀螺用膜"这样的结论。国外陀激公司皆有自己的镀膜车间，有2台左右自己制造的单价值数百万美元的镀膜机。从84年开始，我连续多次向学校报告镀膜攻关和调研的详细情况，认为首先得解决一个可用的镀膜机，否则镀膜攻关不能成功，干不成可实用的陀螺，我校的激光陀螺可宣告结束下马。学校多次听取了我们的汇报，组织了各方面负责人，包括校科技委、科研处、器材处、财务处、营房处、系领导及有关专家，听取我们的

18.01710—6.3

中国人民解放军国防科技大学 P.3

论证答辩后，决定支持，批准了我们的镀膜攻关方案，成立了16个人的改造镀膜机小组，由我负责。学校在负债累累的情况下拨专款给我们去订购国内仿造国外80年代镀膜机的主机（25万元），改造费（包括控制设备）35万。至今已用去45万元，计划正在顺利执行中。我们还派出曾明同志（69年清华工物系毕业，82年获得清华激光专业硕士学位）去英国女王大学光学薄膜实验室工作，学习一些关键技术。预计88年上半年后可以开始边改造边使用，镀出一些比过去曾有过的最好膜片还要好一些的片子供使用。整个镀膜机改造预定90年末完成。膜片及激光陀螺的质量会逐年提高。上面所设计的陀螺进度的基础在此，否则是不可能的。

上述镀膜机，即使改造完成，也达不到国外目前的水平，只能完成"上天"这一任务，陀螺会比战术弹的最高要求稍好一些。这有经济和水平两方面的原因。经济上，学校给我们的是最低限度的经费，我们不得不使用国内的元件和设备，它们和国外有明显差距，而且有的内容只好暂缺。水平方面，我们缺乏制镀膜机的经验，只有仿制的主机还可以，其它得自干，一般都得开展预研，没有现成资料和经验可供参考，故一步赶上国外是不现实的。（注，国外公司对镀膜及镀

18.01710—6.3

中国人民解放军国防科技大学 P.4

膜机皆为绝密）。我们希望，在取得经验和经费支持后，90年左右再干一台标准更高的镀膜机，经数年完成后，再加上镀膜攻关，就有可能接近和超过目前国外激光陀螺公司的用膜了。

我们早有大规模攻镀膜关的欲望，惜力不从心。早几年，我们还有不少重要的理论问题、技术问题、工艺问题需解决，并且很迫切。镀膜组只有三人。经费上，学校给我们的钱是各个部分都在用，无法用来购置高价的镀膜机（注，国外镀膜机55万美元/台，现知只是节省人力，镀膜的水平并不高）。尤其是近年军费猛降后，每年给我们仅约10万元，是无法得到高质量的镀膜机的。幸亏86年学校在极困难条件下决定给我们一笔60万元的镀膜机专款，否则我们已经申请结束任务了。有了这笔钱，我们可以大干了。但经费仍然是困难的。863计划409专家组决定87年12月到88年底资助我们40万元，其中四频内腔11万元，二频10万元，镀膜15万元，光纤陀螺4万元。这只是试投，如完成任务，今后将有大量投资。这对我们是极大的支持，必将增加信心和加速进度，更好提高质量指标。

我们首选四频内腔或外腔之一先打上天。四频差动陀螺在国外原来只知道美国有一家公司在干，在美国激光陀螺中占极端劣势。我在84

18.01710—6.3

△ 1987 年 12 月 9 日，高伯龙给丁衡高的信（信中详细说明对中央"跟踪国际先进水平"精神的理解）

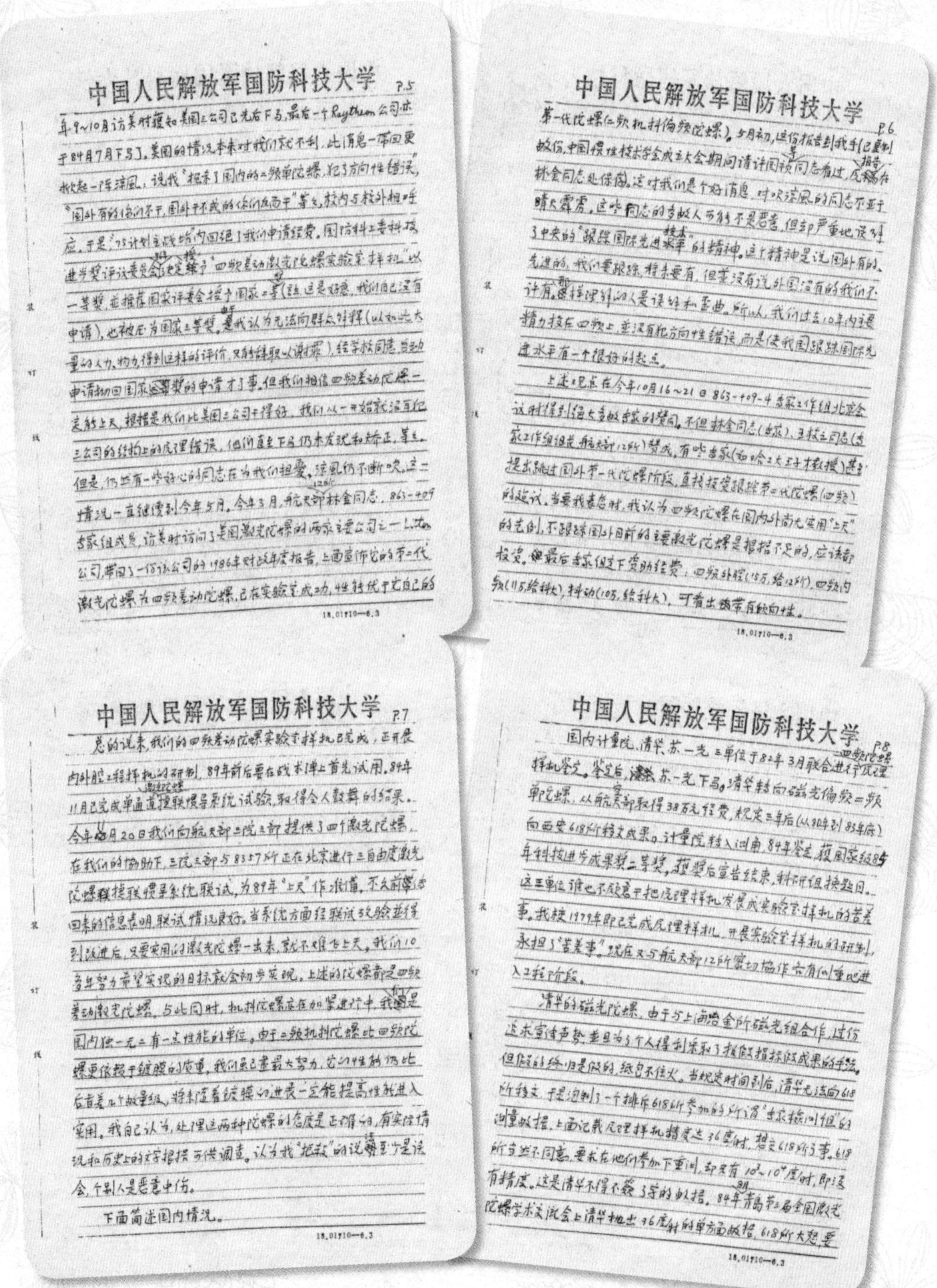

中国人民解放军国防科技大学 P.5

年9~10月访美时获知美国三公司已先后下马，最后一个Raytheon公司亦于84年7月下马了。美国的情况本来对我们就不利，此消息一带回更掀起一阵凉风，说我“抱来了国内的二频单陀螺，犯了方向性错误”，“国外有的你们不干，国外干不成的你们反而干”等等，校内与校外相呼应。于是，“7.5计划”主战场内回绝了我们申请经费。国防科工委科技进步奖评议委员会讨论决定授予“四频差动激光陀螺实验室样机”以一等奖，并推荐国家评委会授予国家二等奖（注：这是好意，我们自己没有申请），也被否为国家三等奖。由于我认为无法向群众解释（以如此大量的人力、物力得到这样的评价，只能辞职以谢罪），经学校同意，自动申请撤回国家三等奖的申请才了事。但我们相信四频差动陀螺一定能上天，根据是我们比美国三公司干得好。我们从一开始就没有犯三公司的结构上的原理错误，但他们直至下马仍未发现和矫正。等等。但是，仍然有一些好心的同志在为我们担忧，凉风仍不断吹。这一情况一直继续到今年5月。今年3月，航天部12所林金同志，863-409专家组成员，访美时访问了美国激光陀螺的两家主要公司之一Litton公司，带回了一份该公司的1986年财政年度报告，上面宣布它的第二代激光陀螺为四频差动陀螺，已在实验室成功，性能优于它自己的

18.01710—6.3

中国人民解放军国防科技大学 P.6

第一代陀螺（二频机抖偏频陀螺）。5月初，这份报告到我手（已复制数份，中国惯性技术学会成立大会期间请许国祯等同志看过，原报告在林金同志处保留）。这对我们是个好消息，对吹凉风的同志不亚于晴天霹雳。这些同志的多数人可能不是恶意，但却严重地误解了中央的“跟踪国际先进技术水平”的精神。这个精神是说国外有的、先进的，我们要跟踪，将来要有，但并没有说外国没有的我们不许有。那样理解的人是误解和歪曲。所以，我们过去10年内集精力投在四频上，并没有犯方向性错误，而是使我国跟踪国际先进水平有一个很好的起点。

上述观点在今年10月16~21日863-409-4专家工作组北京会议时得到绝大多数专家的赞同。不但林金同志（专家）、王权之同志（专家工作组组长，航天部12所）赞成，有些专家（如哈工大王子楠教授）甚至提出跳过国外第一代陀螺阶段，直接投资跟踪第二代陀螺（四频）的建议。当要我表态时，我认为四频陀螺在国内外尚无实用“上天”的先例，不跟踪国外目前的主要激光陀螺是根据不足的，应该都投资。但最后专家组定下资助经费：四频外腔（15万，给12所），四频内腔（11万，给科大），抖动（10万，给科大），可看出稍带有倾向性。

18.01710—6.3

中国人民解放军国防科技大学 P.7

总的说来，我们的四频差动陀螺实验室样机已完成，正开展内外腔工程样机的研制，89年前后要在战术弹上首先试用。84年11月已完成单通道激光陀螺捷联惯导系统试验，取得令人鼓舞的结果。今年11月20日我们向航天部二院三部提供了四个激光陀螺，在我们的协助下，二院三部与8357所正在北京进行三自由度激光陀螺捷联惯导系统联试，为89年“上天”作准备。不久前带回来的信息表明，联试情况良好。当系统方面经联试改验并得到改进后，只要实用的激光陀螺一出来，就不难飞上天。我们10多年努力希望实现的目标就会初步实现。上述的陀螺都是四频差动激光陀螺。与此同时，机抖陀螺正在加紧进行中。我们是国内独一无二有一点性能的单位。由于二频机抖陀螺比四频陀螺更依赖于镀膜的质量，我们虽已尽最大努力，它的性能仍比后者差几个数量级，将来随着镀膜的进展一定能提高性能进入实用。我自己认为，处理这两种陀螺的态度是正确的，有实际情况和历史上的文字根据可供调查。认为我“犯错”的说法至少是误会，个别人是恶意中伤。

下面简述国内情况。

18.01710—6.3

中国人民解放军国防科技大学 P.8

国内计量院、清华、苏一光三单位于82年3月联合进行四频陀螺原理样机鉴定。鉴定后，苏一光下马。清华转向磁光偏频二频单陀螺，从航天部取得38万元经费，规定三年后（从80年到83年底）向西安618所移交成果。计量院转入河南，84年鉴定，获国家级85年科技进步成果奖二等奖，获奖后宣告结束，科研组换题目。这三单位谁也不愿意干把原理样机发展成实验室样机的苦差事。我校1979年即已完成原理样机，开展实验室样机的研制，承担了“苦差事”。现在又与航天部12所密切协作下有何望也进入工程阶段。

清华的磁光陀螺，由于与上海冶金所磁光组合作，过份追求宣传声势，并且为了个人得利采取了报假指标假成果的手法。但假的终归是假的，纸包不住火。当规定时间到后，清华无法向618所移交，于是泡制了一个排斥618所参加的所谓“专家检测组”的测量数据，上面记载原理样机精度达36度/时，想交618所了事。618所当然不同意，要求在他们参加下重测，却只有$10^3 \sim 10^4$度/时，即没有精度。这是清华不得不签了字的数据。84年8月青岛第三届全国激光陀螺学术交流会上清华抛出36度/时的单方面数据，618所大怒，要

18.01710—6.3

△ 1987年12月9日，高伯龙给丁衡高的信（信中详细说明对中央“跟踪国际先进水平”精神的理解）（续）

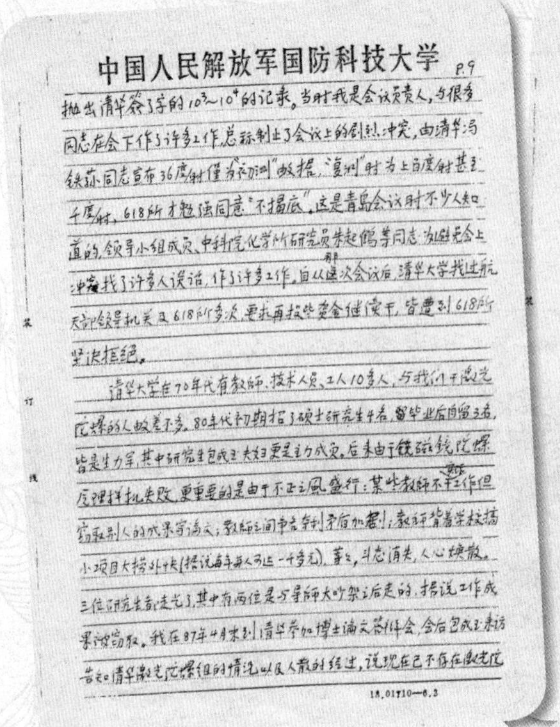

中国人民解放军国防科技大学 P.9

抛出清华器了字的10^3~10^4的记录。当时我是会议负责人，与很多同志在会下作了许多工作，总算制止了会议上的剧烈冲突，由清华冯铁荪同志宣布36度/时仅为"初测"数据，"复测"时为上百度/时甚至千度/时，618所才勉强同意"不揭底"。这是青岛会议时不少人知道的，领导小组成员、中科院化学所研究员朱起鹤等同志为避免会上冲突找了许多人谈话，作了许多工作。自从那次会议后，清华大学找过航天部领导机关及618所多次，要求再投些资金继续干，皆遭到618所坚决拒绝。

清华大学在70年代有教师、技术人员、工人10多人，与我们干激光陀螺的人数差不多。80年代初期招了硕士研究生4名，毕业后留了2名，皆是生力军，其中研究生包成玉夫妇更是主力成员。后来由于铁磁镜陀螺原理样机失败，更重要的是由于不正之风盛行：某些教师不干工作但窃取别人的成果写论文；教师之间争名夺利矛盾加剧；教师背着学校搞小项目大捞外快（据说每年每人可达一千多元），等等，斗志消失，人心涣散。三位研究生前后走光了，其中有两位是与导师大吵架之后走的，据说工作成果被窃取。我在87年4月来到清华参加博士论文答辩会，会后包成玉来访告知清华激光陀螺组的情况以及人散的经过，说现在已不存在激光陀

18,01710—6.3

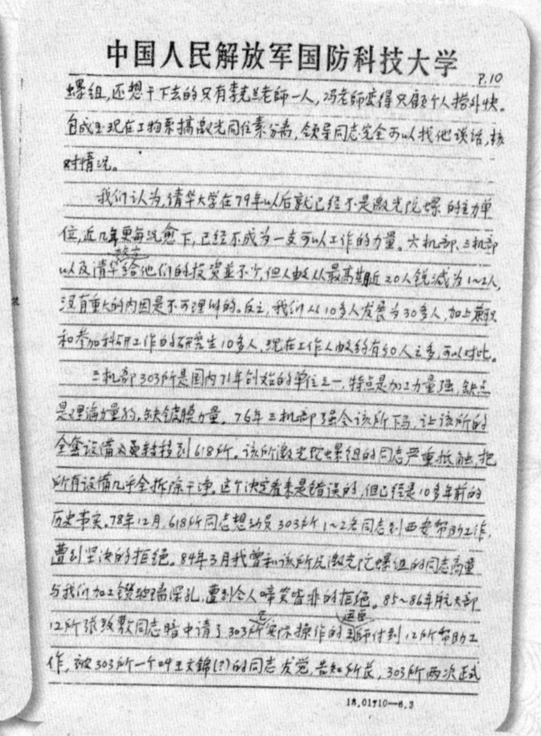

中国人民解放军国防科技大学 P.10

螺组，还想干下去的只有李克兰老师一人，冯老师觉得只能个人捞外快。包成玉现在工物系搞激光同位素分离，领导同志完全可以找他谈话，核对情况。

我们认为，清华大学在79年以后就已经不是激光陀螺的主力单位，近几年更每况愈下，已经不成为一支可以工作的力量。六机部、三机部以及清华校方给他们的投资并不少，但人数从最高期近20人锐减为1~2人，没有重大的内因是不可理解的。反之，我们从10多人发展为30多人，加上兼职和参加科研工作的研究生10多人，现在工作人数约有50人之多，可以对比。

三机部303所是国内71年创始的单位之一，特点是加工力量强，缺点是理论力量弱，缺镀膜力量。76年三机部强令该所下马，让该所的全套设备及资料转到618所。该所激光陀螺组的同志严重抵触，把所有设备几乎全拆除干净，这个决定看来是错误的，但已经是10多年前的历史事实。78年12月，618所同志想动员303所1~2名同志到西安帮助工作，遭到坚决的拒绝。84年3月我曾和该所激光陀螺组的同志商量与我们加工镀膜端深孔，遭到令人啼笑皆非的拒绝。85~86年航天部12所张致数同志暗中请了303所（在）实际操作的（返回）王师付到12所帮助工作，被303所一个叫王文锦(?)的同志发觉，告知所长，303所两次正式

18,01710—6.3

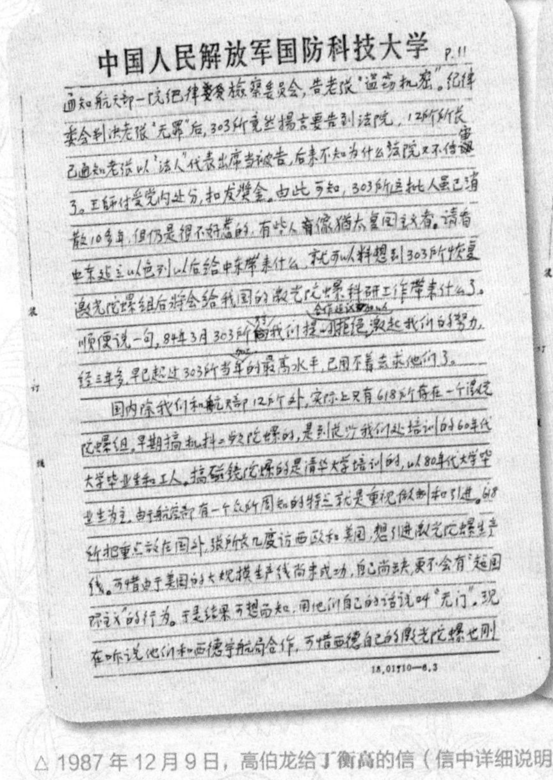

中国人民解放军国防科技大学 P.11

通知航天部一院纪律检查委员会，告老张"盗窃机密"。纪律委会判决老张"无罪"后，303所竟然扬言要告到法院，12所所长已通知老张以"法人"代表出席当被告，后来不知为什么法院又不传讯（审）了。王师付受党内处分，扣发奖金。由此可知，303所这批人虽已消散10多年，但仍是很不好惹的，有些人简直像犹太复国主义者。请看由东迁至以色列以后给中东带来什么，就可以料想到303所恢复激光陀螺组后将会给我国的激光陀螺科研工作带来什么了。顺便说一句，84年3月303所对我们提（合作建议加以）拒绝，激起我们的努力，经三年多，早已超过303所当年的最高（加工）水平，已用不着去求他们了。

国内除我们和航天部12所外，实际上只有618所存在一个激光陀螺组，早期搞机抖二频陀螺的，是到我们处培训的60年代大学毕业生和工人。搞磁镜陀螺的是清华大学培训的，以80年代大学毕业生为主。由于航空部有一个众所周知的特点就是重视仿制和引进。618所把重点放在国外，张所长几度访西欧和美国，想引进激光陀螺生产线。可惜由于美国的大规模生产线尚未成功，自己尚缺，更不会有"超国际主义"的行为。于是结果可想而知，用他们自己的话说叫"无门"。现在听说他们和西德宇航局合作，可惜西德自己的激光陀螺也刚

18,01710—6.3

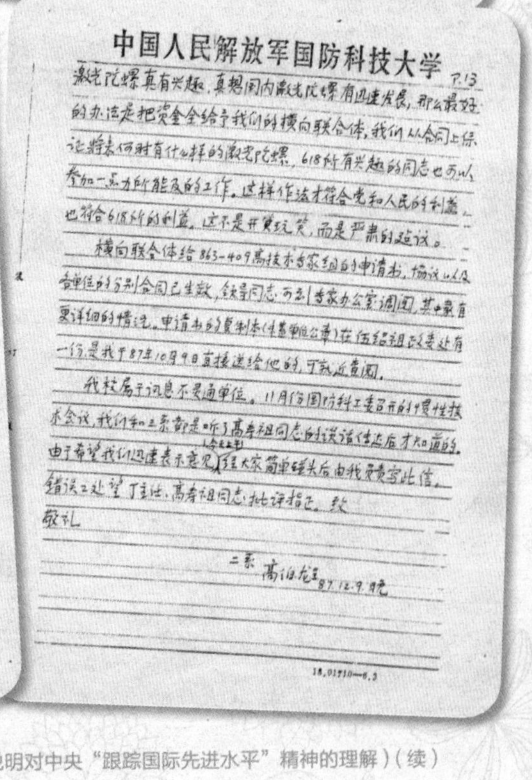

中国人民解放军国防科技大学 P.13

激光陀螺真有兴趣，真想国内激光陀螺有迅速发展，那么最好的办法是把资金全给予我们的横向联合体，我们从合同上保证将来何时有什么样的激光陀螺，618所有兴趣的同志也可以参加一点力所能及的工作。这样作法才符合党和人民的利益，也符合618所的利益。这不是开贯玩笑，而是严肃的建议。

横向联合体给863-409高技术专家组的申请书、协议以及各单位的分别合同已生效，领导同志可到专家办公室调阅，其中载有更详细的情况。申请书的复制本（未盖单位公章）在伍绍祖政委处有一份，是我于87年10月9日直接送给他的，可就近查阅。

我校属于讯息不灵通单位。11月份国防科工委召开的惯性技术会议，我们和二系都是听了高本祖同志的谈话传达后才知道的。由于希望我们迅速表示意见，（今天上午）经大家简单碰头后由我负责写此信。错误之处望丁主任、高本祖同志批评指正。致

敬礼

二系 高伯龙
87.12.9.晚

18,01710—6.3

△ 1987 年 12 月 9 日，高伯龙给丁衡高的信（信中详细说明对中央“跟踪国际先进水平”精神的理解）（续）

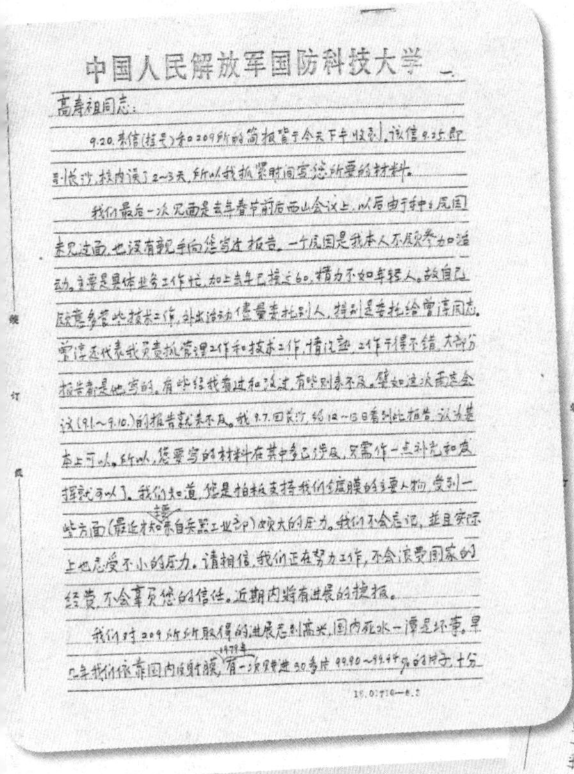

中国人民解放军国防科技大学 一、

高寿祖同志：

9.20.来信(挂号)和209所的简报皆于今天下午收到。该信9.25即到长沙，校内误了2~3天，所以我抓紧时间写您所要的材料。

我们最后一次见面是去年春节前后西山会议上，以后由于种种原因未见过面，也没有亲手向您写过报告。一个原因是我本人不愿参加活动，主要是具体业务工作忙，加上去年已接近60，精力不如年轻人。故自己愿意多管些技术工作，外出活动尽量委托别人，特别是委托给曾淳同志。曾淳还代表我负责抓管理工作和技术工作，情况熟，工作干得不错，大部分报告都是他写的，有些经我看过和改过，有些则来不及。譬如这次南京会议(9.1~9.10)的报告就来不及。我9.7.回长沙，约12~13日看到此报告，认为基本上可以。所以，您要写的材料在其中多已涉及，只需作一点补充和发挥就可以了。我们知道，您是拍板支持我们镀膜的主要人物，受到一些方面(最近主要来自兵器工业部)较大的压力。我们不会忘记，并且实际上也感受不小的压力。请相信，我们正在努力工作，不会浪费国家的经费，不会辜负您的信任。近期内将有进展的捷报。

我们对209所所取得的进展感到高兴，国内死水一潭是坏事。早几年我们依靠国内镀膜，(1979年)有一次购进30多片99.90~99.94%的片子，十分

18.01710—8.3

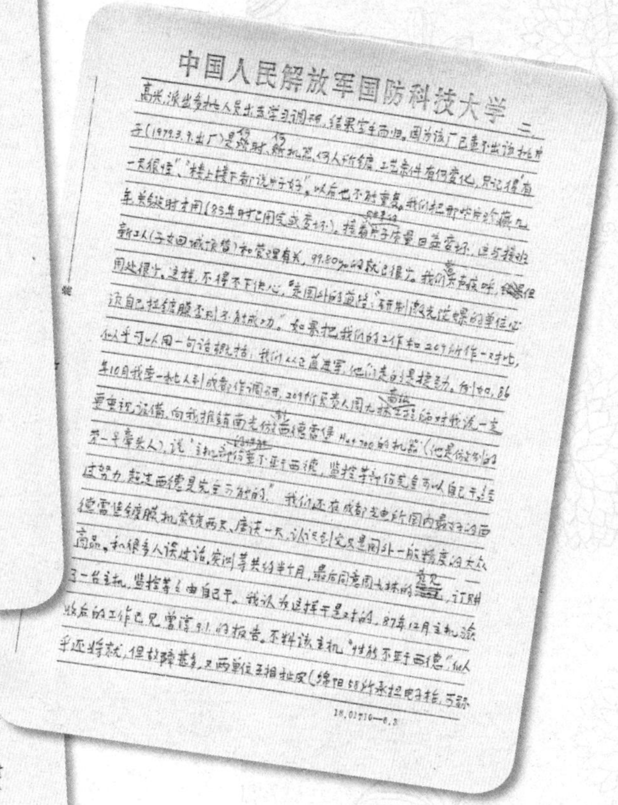

中国人民解放军国防科技大学 二、

高兴，派出多批人员出去学习调研，结果空手而归。因为该厂已查不出该批片子(1979.3.?出厂)是何时、何机器、何人所镀，工艺条件有何变化，只记得有一天很好，"楼上楼下都说片子好"。以后也不能重复。我们把那些片子珍藏九年，关键时才用(83年时已用完或变坏)。接着膜片子质量日益变坏，这与接收新工人(子女回城顶替)和管理有关，99.80%的就已很少。我们高声疾呼，但用处很小。这样，不得不下决心，"走国外的道路：研制激光陀螺的单位必须自己抓镀膜否则不能成功。"如果把我们的工作和209所作一对比，似乎可以用一句话概括，我们以正道进军，他们走的是捷径。例如，86年10月我率一批人到成都作调研，209所负责人周九林高级工程师对我说一定要重视设备，向我推销南光仿制西德雷堡Hey700的机器(他是仿制的第一号牵头人)，说"主机部分的性能要不亚于西德，监控等部分完全可以自己干，经过努力超过西德是完全可能的"。我们还在成都光电所国内最好的西德雷堡镀膜机实镀两天，座谈一天，认识到它只是国外一般精度的大众商品。和很多人谈过话，实测等共约半个月，最后同意周九林的意见，订购了一台主机，监控等由自己干。我认为这样干是对的。87年12月主机验收后的工作已见曾淳9.1的报告。不料该主机"性能不亚于西德"似乎还将就，但故障甚多，又两单位互相扯皮(绵阳58所承担电子柜，可靠

18.01710—8.3

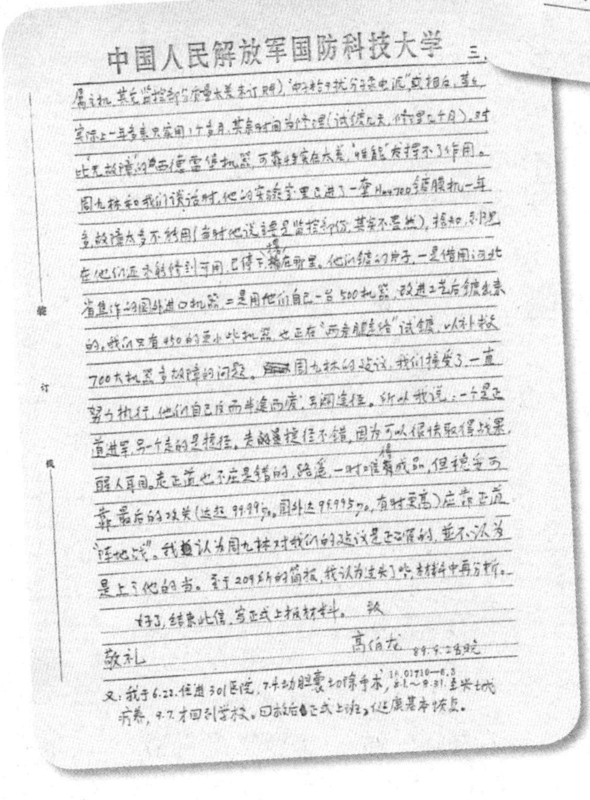

中国人民解放军国防科技大学 三、

属主机，其它监控部分质量太差未订购)，"电子枪干扰分子泵电源"或相反，真正实际上一年多来只实用1个多月，其余时间为修理(试镀几天，修理几个月)。对比无故障的西德雷堡机器，可靠性实在太差，"性能"发挥不了作用。周九林和我们谈话时，他的实验室里已进了一套Hey700镀膜机一年多，故障太多不能用(当时他说主要是监控部份，其实不尽然)，据知，到现在他们还不能修到可用，已停下搁在那里。他们镀的片子，一是借用河北省集作的国外进口机器，二是用他们自己一台500机器，改进工艺后镀出来的。我们只有490的更小些机器，也正在"两条腿走路"试镀，以补救700大机器多故障的问题。周九林的建议，我们接受了，一直努力执行，他们自己反而半途而废，另辟蹊径。所以我说：一个是正道进军，另一个走的是捷径。走的是捷径不错，因为可以很快取得战果，醒人耳目。走正道也不应是错的，路遥，一时难得成品，但稳妥可靠，最后的攻关(达到99.99%，国外达99.995%，有时更高)应靠正道"阵地战"。我并认为周九林对我们的建议是正确的，并不认为是上了他的当。至于209所的简报，我认为过头了些，材料中再分析。

好了，结束此信，写正式上报材料。致

敬礼

高伯龙 89.9.28晚

18.01710—8.3

又：我于6.22.住进301医院，7.?动胆囊切除手术，8.1~8.31.去兴城疗养，9.7.才回到学校。回校后即正式上班，健康基本恢复。

◁△高伯龙给高寿祖的信（信中坦承在“南光镀膜机主机故障率高”问题上存在失误，直面问题、解决问题）

◁**丁衡高**（1931.2— ）：中国工程院院士、上将军衔。中国战略导弹惯性技术奠基人之一，曾先后获得国防科技重大成果奖一等奖、国家科技进步奖特等奖等奖项。

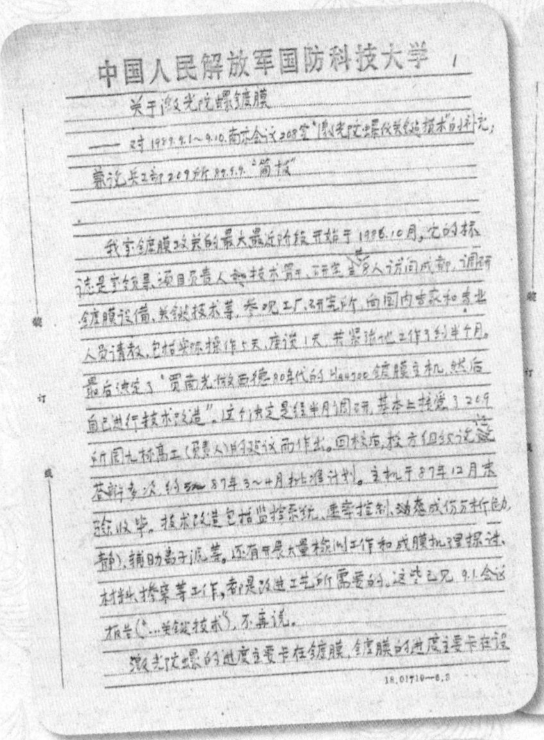
中国人民解放军国防科技大学 1

关于激光陀螺镀膜

——对1989.9.1～9.10南京会议208室"激光陀螺仪关键技术的研究"

兼谈兵工部209所89.9.9."简报"

我室镀膜攻关的最大最近阶段开始于1986.10月，它的标志是室领导、项目负责人和技术骨干、研究室共8人访问成都，调研镀膜设备、关键技术等，参观工厂、研究所，向国内专家和专业人员请教，包括实际操作5天，座谈1天，共紧张地工作了约半个月。最后决定了"买南光做西德80年代的H44700镀膜主机，然后自己进行技术改造"。这个决定是经半月调研，基本上接受了209所周九林高工（负责人）的建议而作出。回校后，校方组织论证答辩多次，约87年3～4月批准计划。主机于87年12月末验收毕。技术改造包括监控系统、速率控制、动态成份分析（动、静）、辅助离子源等。还有大量检测工作和成膜机理探讨、材料探索等工作，都是改进工艺所需要的。这些已见9.1会议报告（"…关键技术"），不再说。

激光陀螺的进度主要卡在镀膜，镀膜的进度主要卡在设

18.01710—6.3

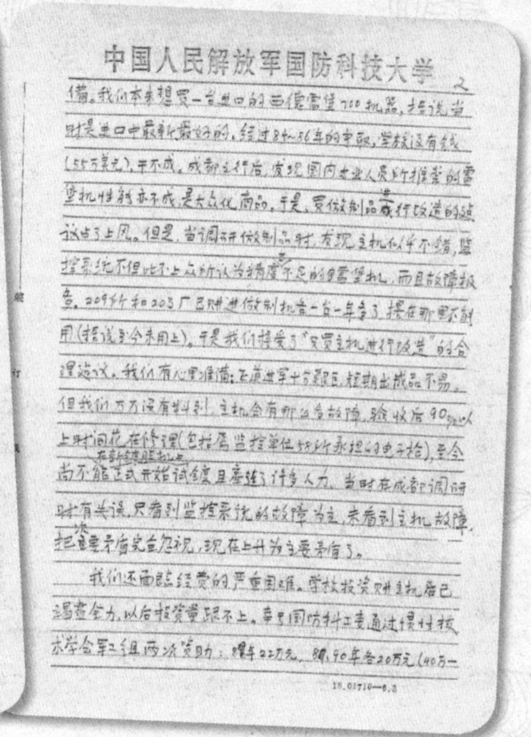
中国人民解放军国防科技大学 2

备。我们本来想买一台进口的西德雷宝700机器，据说当时是进口中最新最好的。经过84～86年的争取，学校没有钱（55万美元），买不成。成都之行后，发现国内专业人员所推崇的雷宝机性能亦不成，是大众化商品。于是，买做制品并进行改造的建议占了上风。但是，当调研做制品时，发现主机似乎不错，监控系统不但比不上众所认为精度不足的雷宝机，而且故障极多。209所和203厂已购进做制机各一台一年多了，摆在那里不能用（据说至今未用上）。于是我们接受了"买主机进行改造"的合理建议。我们有心理准备：改造要十分艰巨，短期出成品不易。但我们万万没有料到，主机会有那么多故障，验收后90%以上时间花在修理（包括属监控单位58所承担的电子枪），至今尚不能正式开始试镀且牵连了许多人力。当时在成都调研时有失误，只看到监控系统的故障为主，未看到主机故障，把主要矛盾完全忽视，现在上升为主要矛盾了。

我们还面临经费的严重困难。学校投资购主机后已竭尽全力，以后投资量跟不上。幸亏国防科工委通过惯性技术学会第二组两次资助：89年22万元、89、90年各20万元（40万一

18.01710—6.3

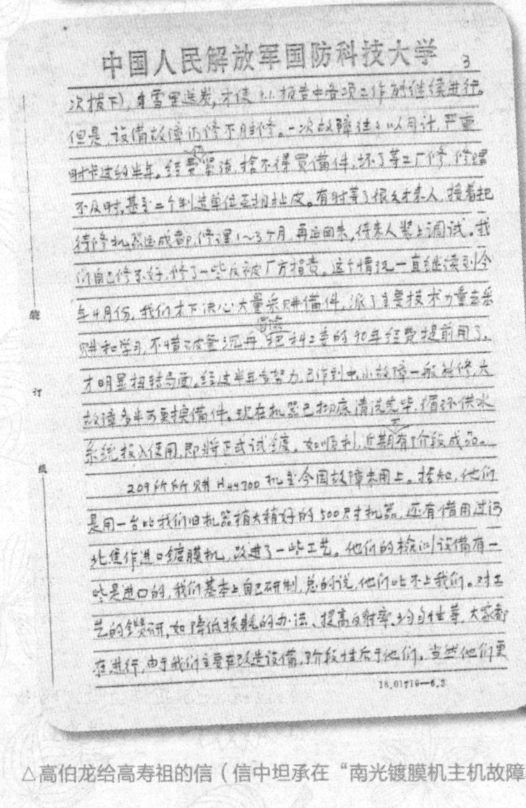
中国人民解放军国防科技大学 3

次拨下），雪中送炭，才使9.1报告中各项工作能继续进行。但是，设备故障仍修不胜修。一次故障往往以月计，严重时卡住约半年。经费紧张，舍不得买备件，坏了等工厂修，修理不及时，甚至二个制造单位互相扯皮。有时等了很久才来人，接着把待修机器运成都，修理1～3个月，再运回来，待来人装上调试。我们自己修不好，修了一些反被厂方指责。这个情况一直继续到今年4月份，我们才下决心大量采购备件，派了主要技术力量去采购和学习，不惜破釜沉舟，把科工委的90年经费提前用了，才明显扭转局面。经过半年多努力，已作到中小故障一般能修，大故障多半可更换备件。现在机器已彻底清洗完毕，循环供水系统投入使用，即将正式试镀。如顺利，近期有阶段成品。

209所所购H44700机至今因故障未用上。据知，他们是用一台比我们旧机器稍大稍好的500尺寸机器，还有借用过一些进口镀膜机，改进了一些工艺。他们的检测设备有一些是进口的，我们基本上自己研制。总的说，他们比不上我们。对工艺的钻研，如降低损耗的办法、提高反射率、均匀性等，大家都在进行，由于我们主要在改造设备，阶段性落后于他们。当然他们更

18.01710—6.3

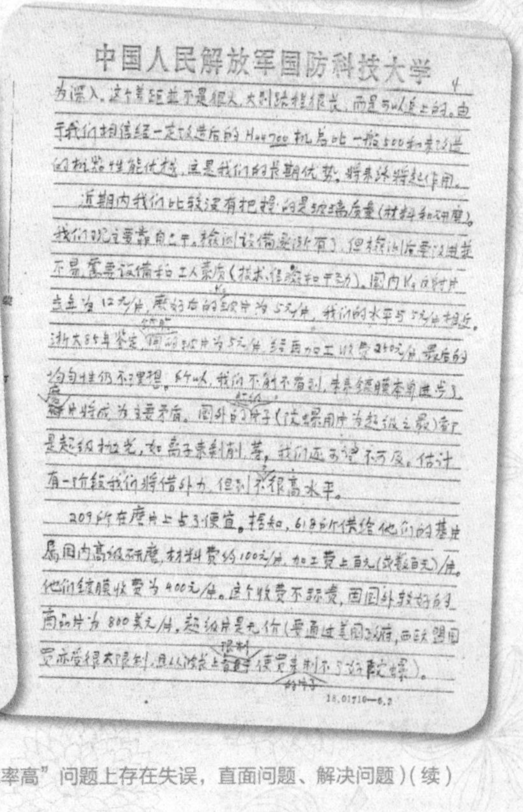
中国人民解放军国防科技大学 4

为深入。这个差距并不是很大，大到跨越很长，而是可以赶上的。由于我们相信经一定改造后的H44700机总比一般500机未改造的机器性能优越，这是我们的长期优势，将来终将起作用。

近期内我们比较没有把握的是玻璃质量（材料和研磨）。我们现主要靠自己干。检测设备靠浙大，但检测后要改进并不易，需要设备和工人素质（技术、经验和耐劲）。国内K9反射片去年为12元/片，磨好后的K9玻片为5元/件，我们的水平与5元/件相近。浙大85年鉴定，国内玻片为5元/件，经再加工收费250元/件，最后的均匀性仍不理想。所以，我们不能不看到，未来镀膜本身进步了，磨片将成为主要矛盾。国外的片子（陀螺用片为超级之最）都是超级抛光，如离子束刻蚀等，我们还可望不可及。估计有一阶段我们将借外力，但到不很高水平。

209所在磨片上占了便宜。据知，618所供给他们的基片属国内高级研磨，材料费约100元/片，加工费上百元（或数百元）/片。他们镀膜收费为400元/片。这个收费不算贵，因国外较好的商品片为800美元/片，超级片是无价（要通过美国政府，西欧盟国买亦受很大限制，且以陀螺上的片子使买来也制不了好陀螺）。

18.01710—6.3

△高伯龙给高寿祖的信（信中坦承在"南光镀膜机主机故障率高"问题上存在失误，直面问题、解决问题）（续）

中国人民解放军国防科技大学 5

从长远考虑，我们改造镀膜机后可承担镀膜，且水平要不断提高。各种先进技术和工艺我们都将逐步研究和采用。但目前从经费和人力，我们无力承担膜片质量以尽直它达到超级片水平。这是要国家下决心投资的。

下面我谈一下膜片质量要求标准，兼评209所简报。

反射率（国外99.995%）、均匀性（国外0.001%）、损耗（国外0.001%）、散射（国外0.004%）、闭锁阈值（国外工业产品<240度/时，实验室可达50度/时）、寿命（指说片子5年性能不变）、耐高低温能力（-50~120°C）等。各种陀螺还有特殊要求。

损耗（尤其散射）与基片有很大关系，与材料、工艺、[illegible]等有关，特别与[illegible]的新技术关系重大（现只试过[illegible]离子[illegible]，将来要搞引进离子溅射）。均匀性与损耗有关，但又不完全是一回事，亦与上述因素有关。陀螺至关重要的闭锁阈值性能主要决定于均匀性，锁区正比于均匀性的若干次方（1~3方，视其[illegible]机构）。所以，反射率只是重要标准之一，还有其它重要标准，并且到一定程度后均匀性比反射率更重要。

209所的片子性能较好是肯定的，有些情况不能不指出。

18.01710—6.3

中国人民解放军国防科技大学 6

第一，只测了反射率。第二，测反射率有各种情况。三个检测单位所用仪器基本上同类型，就是都是国防科大DF壶反仪或其改型。这种仪器有一共同特点，就是：如未经仔细消除误差源，测球面片易比真值偏高，一般偏高0.05~0.15%。尤其是DF型壶反仪，湖南技物所签定的对平面片，因它在球面上的光点较大（2×10 mm²）易产生系统误差（DF壶反仪的光点只有φ0.3 mm）。注意到这一点后，易觉察所有测量值球面比平面反射率高。重排表如下：

1. 球面片

R% \ 代号	9-8-5-1	9-8-5-2	[illegible]	[illegible]	9-8-9-1	9-8-9-2
技物所测	99.94	99.93	99.95	99.93	99.96	99.93
618测	99.95	99.95	99.92	99.93	99.92	99.94
国防科大细测	99.94				99.95	99.93

2. 平面片

R% \ 代号	9-8-5-5	9-8-9-7	9-8-9-5（E形陀螺用，属平面）
技物所测	99.93	99.87	99.81
618测	未测(?)	99.83	99.90
国防科大	未测	未测	未测

18.01710—6.3

中国人民解放军国防科技大学 7

可见，平面片为99.81~99.93%，扣除测量误差，约为99.87%。这个值免除测球面易生的系统误差，较可靠。球面片为99.92~99.96%，平均99.94%。从镀法上，球面不可能比平面的反射率系统偏高，这系统偏高值来自DF壶反仪类型未经仔细去除误差源的系统误差，该值现应为0.07%左右。技物所较大，约为0.07%左右，618所约为[illegible]%左右。顺便提出，国防科大二点的仪器由于主管人不在，该人走时声明仪器要[illegible]，[illegible]，尚未完整校准好，交代不要为外界测试（因不可靠）。故本不宜测。经再三要求，只好盖章，并不是测出的[illegible]。该仪器经订校，测球面时偏高值亦接近0.07%。

因此，合理的值应为反射率R可达99.87%，如果再高一点，取最高值99.96-0.07=99.89，可报最高可达99.89%。这才是科学的数字。这个数字已经不低了。当注意到陀螺实用的E形（平面）片（同1片）技物所只测出R=99.81%，而且片子的[illegible]很大，从99.77~99.89%时，就更为令人注意。因为技物所的光点大，2×10 mm²，比实际使用的点大200~500倍，测量出均匀性不大敏感。如果把点缩小200多倍，看出R的差别将会大得多！[illegible]

18.01710—6.3

中国人民解放军国防科技大学 8

达0.5%量级。这种均匀性即便对低级的陀螺亦为次片甚至废片。

其它片子的均匀性就不谈了，因技物所点子太大，给出过好的均匀性；国防科大数据点子少；618所未给结果。总之，均匀性仅为0.1%量级，属次品。

由于未测透射率，不知道损耗为多少。据询问，据测者说层数非常多，透射率算作为0，这样1-R即为损耗，此值为0.13%，属国内一般水平，比国外（0.001+0.004）%=0.005%差得多约26倍，闭锁阈值即为26~26³倍，只能出较差陀螺，搞得不好陀螺精度>100度/时。

所以，209所的镀膜确实取得了可喜进步，但简报数字估计过高，不符合实际；而且没有测其它重要质量；均匀性属国内一般，有些较差；损耗较大，属国内一般水平。对激光陀螺说还不能是较好片子。这是我们的估价。

这些估计，将来可在618所的陀螺上得到检验。

18.01710—6.3

△高伯龙给高寿祖的信（信中坦承在“南光镀膜机主机故障率高”问题上存在失误，直面问题、解决问题）（续）

核物理学家——何泽慧

何泽慧（1914 年 3 月—2011 年 6 月），出生于江苏苏州，籍贯山西灵石。核物理学家，我国核物理、高能物理与高能天体物理学的奠基人之一，中国科学院院士。1932 年考入清华大学物理系。1940 年获德国柏林高等工业大学工程博士学位。1943 年在海德堡威廉皇帝研究院物理研究所工作期间，首先发现并研究了正负电子几乎全部交换能量的弹性碰撞现象。1946—1948 年在法国巴黎法兰西学院核化学实验室工作期间，与钱三强一起发现并研究了铀的三分裂和四分裂现象。1948 年回国后，先后参与创建北平研究院原子学研究所，领导研制成功对粒子灵敏的原子核乳胶探测器，在领导建设中子物理实验室、高山宇宙线观察站，开展高空气球、高能天体物理等多领域研究方面做出了重要贡献。被誉为“中国的居里夫人”。

在中国，科研成就与居里夫人最接近的女科学家，莫过于何泽慧先生。

作为中国原子能物理事业的开创者，何泽慧在不同岗位上，不仅出色完成了科学任务，还发展了学科，培养了大批人才。她的功绩将永远被铭记！

1. 国难当头　一心报国

何泽慧是世界范围内少见的女性军工科学家，先是研究**弹道学**，然后转向**核物理**。很难想象，一个大家闺秀居然选择如此“硬核”的学科。

1931年，正是何泽慧上高三那一年，日本军国主义悍然发动“九一八事变”，侵占我国东北。振华女校的师生非常愤怒，组织委员会上街要求商家抵制日货、支持国货，还组织演讲队到附近各地宣传日寇暴行，呼唤人们的爱国意识。在祖国危亡时刻，南京政府内部却还在争权夺利，根本不去想怎样收复东北失地。何泽慧对此非常愤怒，在给大姐**何怡贞**的信中写道：“现在国内的情形糟不可言，外侮日紧，内政还没有人支持……”

在这种悲愤的氛围下，何泽慧迎来了人生决定性的一刻——考大学。何泽慧对医学和艺术有兴趣，但是经历了这么多之后，她深深地感到，中国作为一个落后的国家，被侵略却束手无策，没有能力反抗。因此，她决定放弃医学或者艺术，要和自己的姐姐何怡贞一样，去学物理。

为什么是物理呢？因为物理学是重要的基础学科，学好了物理学就可以再选择一个更具体的方向深入研究，为祖国的科技进步做出贡献。正是出于这种考虑，她报考了少有女生踏足的物理系。

当时各校单独开展招生考试，何泽慧聪慧好学，同时被浙江大学和清华大学的物理系录取。当时报考浙江大学的有800多人，而物理系只录取了何泽慧一个女生，其他都是男生。清华大学的考生就更多了，有近3000人，难度比浙江大学更大，能够考上清华大学，可见她的成绩非常优秀。由于想到北方去看看，何泽慧最终选择了清华大学。

▷**弹道学**：自从火药武器逐渐运用到战场上，弹道学就逐渐成为一个学科。以枪为例，枪的子弹进入枪膛，然后被火药爆炸产生的高压气体推出枪膛，经过一段时间在空气中的高速飞行，击中目标后又在目标内部运行、翻滚直到停止，这一系列过程都是弹道学的研究对象。火箭、导弹、鱼雷等被发明出来后，它们的运行规律也成为弹道学的一部分。如今的弹道学是个很复杂的综合学科，包括刚体动力学、气体动力学、空气动力学、弹塑性力学、化学热力学以及燃烧理论、爆炸动力学、撞击动力学、优化理论、计算技术和试验技术等众多领域。

▷**核物理**是20世纪产生的一个新学科，研究原子核的结构和变化规律。核武器就是核物理的研究对象之一。除了核武器，医学上的放射影像科就是核物理的一个具体应用，X线、CT、磁共振等仪器都与核物理有关，针对某些肿瘤的放射治疗、应用同位素技术的药物等也都是核物理的应用。在能源领域，核物理最有名的应用是核电站。

▷**何怡贞**（1910.11—2008.7）：著名物理学家，1937年获得美国密歇根大学物理学博士学位，是中国第一位女物理学博士，与何泽慧、何泽瑛并称“何氏三姐妹”，在科学界享有盛名。何怡贞擅长光谱学与光谱分析。

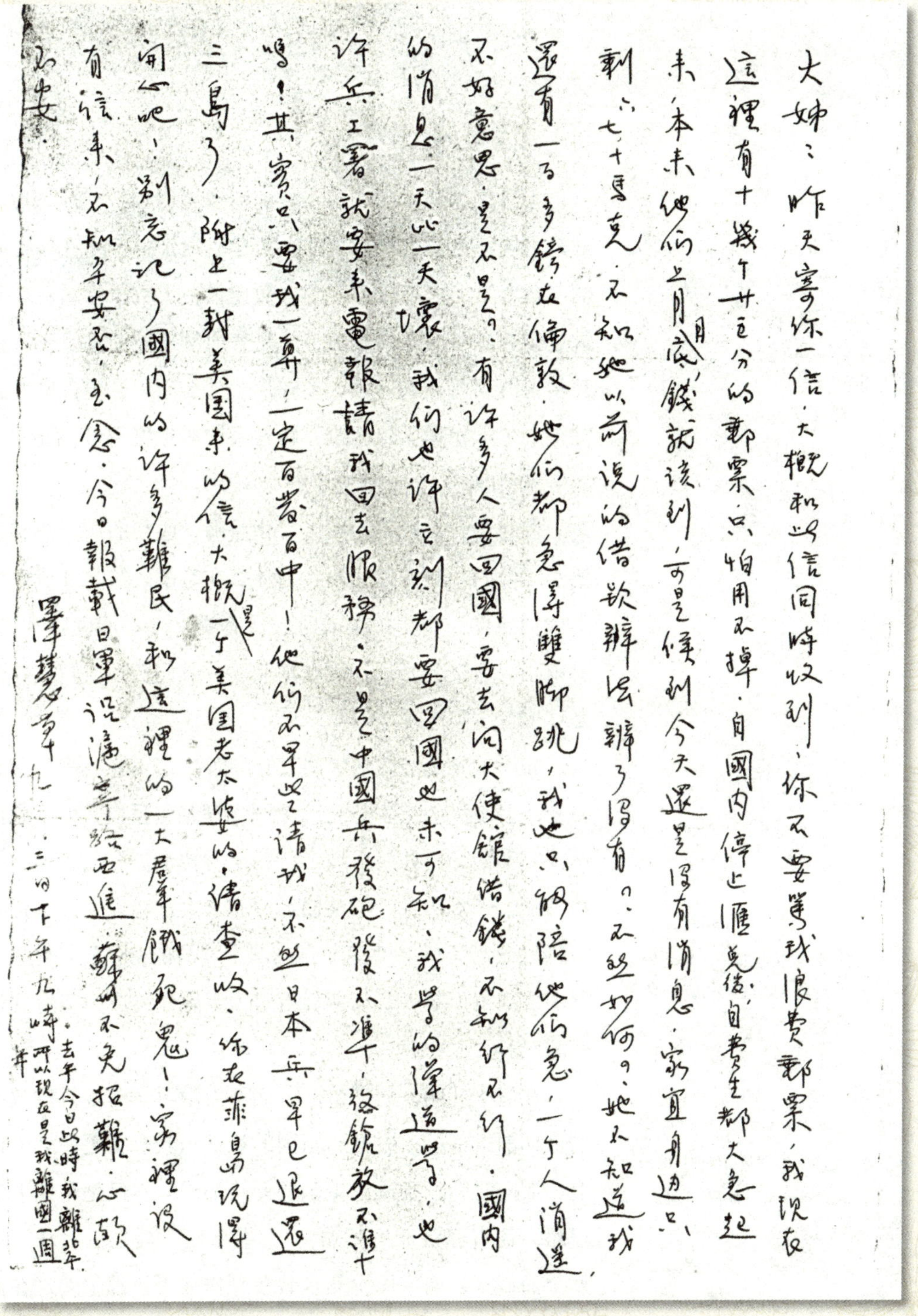
大姊：

昨天寄你一信，大概和此信同时收到。你不要笑我浪费邮票，我现在这里有十几个廿五分的邮票，只怕用不掉。自国内停止汇兑后，自费生都大急起来，本来她们上月底钱就该到，可是候到今天还是没有消息。家宜身边只剩六七十马克，不知她以前说的借款办法办了没有？不然如何？她不知道我还有一百多镑在伦敦。她们都急得双脚跳，我也只能陪她们急，一个人消遣不好意思，是不是？有许多人要回国，要去向大使馆借钱，不知行不行。国内的消息一天比一天坏，我们也许立刻都要回国也未可知。我学的弹道学，也许兵工署就要来电报请我回去服务。不是中国兵发炮发不准，发枪放不准吗！其实只要我一算，一定百发百中！他们不早些请我，不然日本兵早已退还三岛了。附上一封美国来的信，大概是一个美国老太婆的，请查收。你在菲岛玩得开心吧！别忘记了国内的许多难民，和这里的一大群饿死鬼！家里没有信来，不知平安否，至念。今日报载日军说渡无锡西进，苏州不免招难，心颇不安。

泽慧草于九·二四下午九时。去年今日此时我离北平，所以现在是我离国一周年

△何泽慧给何怡贞的信

2. 选择军工学科

▷**叶企孙**（1898.7—1977.1）：上海人，物理学家，教育家，中国近代物理学奠基人。创办清华大学物理系、理学院和北京大学磁学专门组；与竺可桢共同创办自然科学史研究所，培养了一大批科学家，为我国高等教育事业和科学事业做出卓越贡献。

▷**中德军事合作**：从1928年开始，南京国民政府选择与德国进行军事合作，引进了很多德国的军事装备和军事技术。抗日战争前夕，德国军事顾问帮助中国训练了一批德械部队，建设了一些防御工事。抗日战争爆发后，这些军官还留在中国，帮助中国抗击日本侵略者。但那时的纳粹德国已经与日本军国主义结盟，在日军干预下，德国军官团在1938年离开中国，德国与中国的军事合作逐渐停止。

在清华物理系，作为女生的何泽慧遇到了麻烦。按物理系重质不重量的宗旨，学生入学后须经过系主任**叶企孙**的亲自考察，能“过关”的人数比投报人数少得多；而且规定经过一年的大学学习，凡是普通物理成绩不及中等的都不得继续留在物理系。不知出于什么原因，也许叶企孙觉得女生学物理比较困难，物理系毕业生将来可能要服务战争等顾虑，居然主张女生一个不要。

自幼在男女平等的家族文化熏陶下成长的何泽慧和其他女同学们一起据理力争：为什么在考试成绩之外设立一个性别条件？当年招生的时候没有说女生不能读物理系，所以我们才报名来了，现在却又动员我们转系、转校，这是歧视女性！

何泽慧显现出性格中倔强的一面：“越不让我来，我越要来；不让我念，我偏念。”物理系里最终妥协，同意她们试读一学期，但如果成绩不行一定要转走。在强者如林的物理系，许多学生入学前已经读完了大学物理、大学化学等科目，何泽慧一度感觉自己“十二分的落伍”，有些课程的成绩也不是太好。但凭着努力，她最终成为坚持到毕业的三名女生之一。

在清华期间，何泽慧一方面努力学习，向着科技救国的目标前进，另一方面对祖国的积贫积弱有了更深刻的体会。那段时间，日军对中国的侵略加深，不仅是军事上的侵略，还有经济上的侵略。“七七事变”爆发后，日军开始全面侵华，而中国军队从装备到作战素质都很差，在面对日军的进攻中节节败退。因此，在**中德军事合作**的背景

△何泽慧。1936 年她为发展祖国的军工事业赴德国柏林高等工业学校学习弹道学，1940 年获博士学位

下，何泽慧得到留学德国深造的机会，她毅然选择了军工方向的弹道学。

她跑到**柏林高等工业学院**的技术物理系，找到弹道学的**克兰茨**教授，要求跟随他学弹道学。弹道学是军事技术，有保密性质，并且之前这个专业没接收过女学生，更没收过外国女学生。可何泽慧一心要学，她知道几年前克兰茨曾经去过中国，建立了一个弹道学的研究机构，就问他："你不是亲自去帮助过中国吗？为什么不能收我这个中国学生呢？"克兰茨对于正在遭受侵略的中国心怀同情，听到何泽慧这样说，觉得有道理，破例收下了她。于是，年轻的何泽慧正式走进了军工科学领域。她年轻时立下的科学报国志向，一步步地变成了现实。

身在德国的何泽慧在给大姐何怡贞的信中写道："国内的消息一天比一天坏，我们也许立刻都要回国也未可知，我学的弹道学，也许兵工署就要来电报请我回去服务，不是中国兵发炮发不准，放枪放不准吗！其实只要我一算，一定百发百中！他们不早些请我，不然日本兵早已退还三岛了。"

在欧洲留学期间，何泽慧与另一位中国留学生钱三强相识相爱并最终走到一起，成为中国科学史上最有名的夫妇之一。

1948 年，何泽慧与钱三强决定回国，把毕生所学献给中国的科学事业。经过多方努力，他们克服外国政府的重重阻力回国了。回国后，何泽慧与钱三强开创了北平研究院原子学研究所，这是当时中国唯一的专门开展核物理研究的机构。后来，何泽慧主导成立中子物理实验室，参与了中国第一座反应堆与加速器的建设与实验，承担了原子弹与氢弹研制中的一些基础性科研任务，为中国的"两弹一星"事业做出了贡献。她始终站在科研

▷ **柏林高等工业学院**于 1879 年由三个学院合并而成，是德国最早的高等工业学院。1946 年升格为大学，更名为柏林工业大学，是德国第一所工业大学。当时的技术物理系因与军工关系密切，所以与其他系隔离，连建筑都是分开的。可见何泽慧进入这个系学习的难度。

▷ **克兰茨**是德国数学家、物理学家，现代弹道学的开创者。1935 年应邀来华参与筹建南京弹道研究所。1937 年返回柏林，任柏林高等工业学院技术物理系主任。何泽慧虽然成功留在克兰茨身边学习弹道学，但彼时的克兰茨已经 80 岁高龄，实际领导何泽慧工作的是汉斯·盖革。盖革发明的盖革计数器是核物理学和粒子物理学中不可缺少的仪器。

第一线，带领相关研究部门支持国家的核武器研制任务，培养了众多的科研人才，获得了科技界乃至全社会的尊敬。

药理学家——金国章

金国章（1927 年 6 月—2019 年 1 月），浙江永康前渡金村人。药理学家，中药现代化研究的代表性人物之一，中国科学院院士。1947 年考入浙江大学理学院药学系。1952 年到中国科学院上海药物研究所工作至退休。他是我国从事脑内多巴胺药理学研究的先驱，是这一领域最有成就的学者之一。他系统研究了中药延胡索的神经药理作用，证实左旋四氢巴马丁（即罗通定）是延胡索的主要有效成分，是多巴胺（DA）受体阻滞剂；发现左旋四氢巴马丁有镇痛及安定作用并载入国家药典，开拓四氢原小檗碱同类物（THPBs）作用于 DA 受体研究领域，发现左旋千金藤啶碱具有 D1 激动 -D2 阻滞双重作用，是第一个双重作用的安定剂，为抗精神病药物研究指出了发展新方向。

全国章先生一生不忘科技报国初心，牢记创新为民使命，将对祖国的忠诚、对人民的热爱、对科学的执着追求，融入神经药理科学事业及人才培养工作中。

1. 新现象常在偶然中发现

▷**多巴胺**是一种神经传导物质，是用来帮助细胞传送脉冲的化学物质，是脑内分泌的主要负责大脑的情欲、感觉，可影响一个人的情绪的物质。如果多巴胺出了问题，人就会生病，帕金森综合征、精神分裂症、多动症等都与多巴胺有关。

▷**拮抗剂**与受体结合后本身不引起生物学效应，但阻断该受体激动剂介导的作用。根据是否可逆性地与结合到受体的激动剂发生竞争，拮抗剂可以分为竞争性拮抗剂和非竞争性拮抗剂两类。

金国章研究的**多巴胺**受体**拮抗剂**是一种可以减弱多巴胺作用的物质，这种物质能让多巴胺受体变得不活跃，从而导致多巴胺在神经中的传递受到阻碍，作用减弱。很多精神疾病由多巴胺分泌异常导致，如果多巴胺分泌过多的话，就需要减弱它的作用以缓解病情。左旋千金藤啶碱被认为是一种多巴胺受体拮抗剂。

1981 年的一天，金国章正在指导学生做试验。他让学生用左旋千金藤啶碱在小白鼠上试验，当时研究的是左旋千金藤啶碱对多巴胺的抑制作用，毫无悬念地，学生发现了这种物质对多巴胺受体的减弱作用，即阻滞作用或叫拮

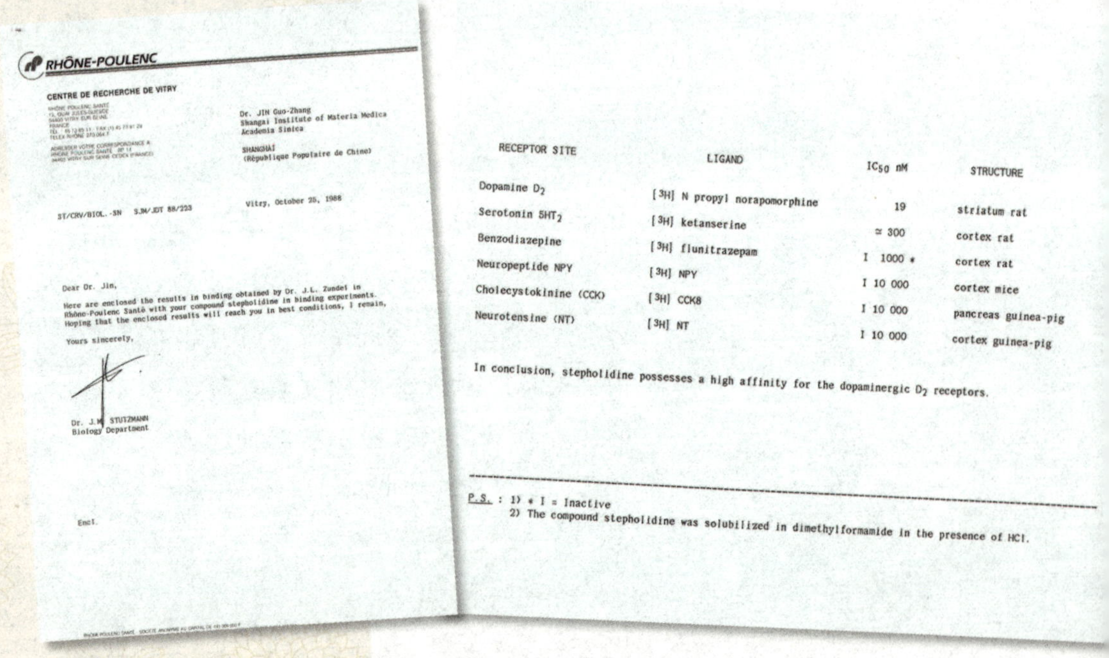

RHÔNE-POULENC

CENTRE DE RECHERCHE DE VITRY

Dr. JIN Guo-Zhang
Shangai Institute of Materia Medica
Academia Sinica

SHANGHAI
(République Populaire de Chine)

ST/CRV/BIOL.-SN S.JM/JDT 88/223

Vitry, October 25, 1988

Dear Dr. Jin,

Here are enclosed the results in binding obtained by Dr. J.L. Zundel in Rhône-Poulenc Santé with your compound stepholidine in binding experiments. Hoping that the enclosed results will reach you in best conditions, I remain,

Yours sincerely,

Dr. J.M. STUTZMANN
Biology Department

Encl.

RECEPTOR SITE	LIGAND	IC_{50} nM	STRUCTURE
Dopamine D_2	[3H] N propyl norapomorphine	19	striatum rat
Serotonin $5HT_2$	[3H] ketanserine	≃ 300	cortex rat
Benzodiazepine	[3H] flunitrazepam	I 1000 *	cortex rat
Neuropeptide NPY	[3H] NPY	I 10 000	cortex mice
Cholecystokinine (CCK)	[3H] CCK8	I 10 000	pancreas guinea-pig
Neurotensine (NT)	[3H] NT	I 10 000	cortex guinea-pig

In conclusion, stepholidine possesses a high affinity for the dopaminergic D_2 receptors.

P.S. : 1) * I = Inactive
2) The compound stepholidine was solubilized in dimethylformamide in the presence of HCl.

△ B Seeman 给金国章的信，1989 年 4 月 9 日

抗作用。但是，这个细心的学生同时还发现，左旋千金藤啶碱也能反过来让多巴胺受体兴奋起来，从而让多巴胺的效果增强，也就是存在激动作用。这个现象以前从来没有被发现过，金国章一开始并没有惊讶，因为在科学试验中出现误差或者失误使结果异常是很正常的事情。他首先怀疑是试验出了差错，不过他并没有直接否定这个结果，而是让学生用其他方法重复试验以验证这个现象是不是真实存在。结果，金国章和他的学生惊喜地发现**左旋千金藤啶碱**确实有激动作用。

◁**左旋千金藤啶碱**可以从多种千金藤属植物当中分离出来。金国章率先分离了这种物质，因此在研究上占据先机。

金国章与其他专家讨论这个现象，把这个现象称为左旋千金藤啶碱的兼容作用，意思是它既有阻滞作用，也有激动作用。这个发现打破了人们对这一类物质的原有认识，但是这个发现并不是有意进行的，而是在试验中偶然发现的。在科学研究中“新现象常在偶然中发现”说的很有道理。面对试验中的反常现象，金国章既不盲目否定，也不贸然下结论，而是通过反复试验、同行评议等手段来确定。

关于左旋千金藤啶碱兼容作用的论文发表后，引起了很多国外学者的注意，他们纷纷做试验，结果都验证了金国章的结论。

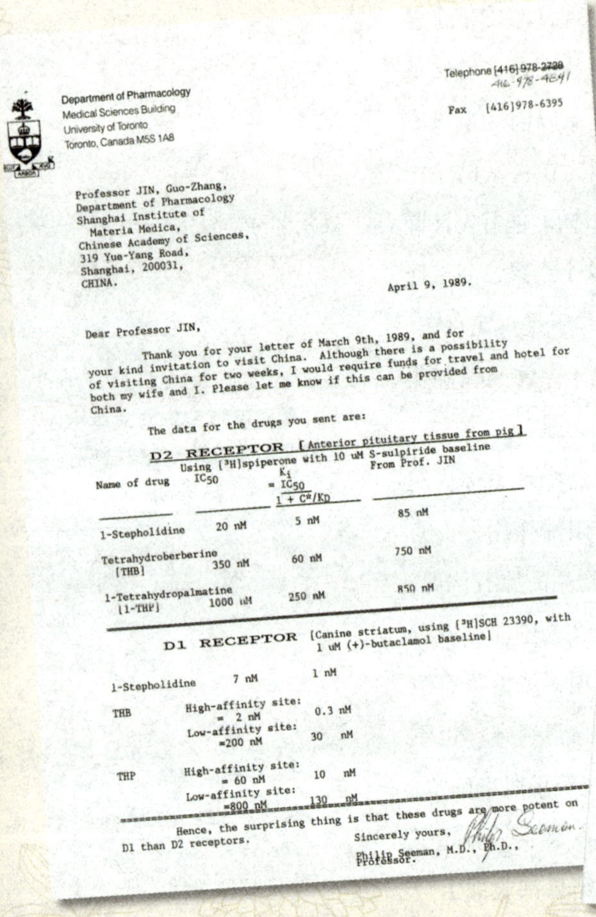

Department of Pharmacology
Medical Sciences Building
University of Toronto
Toronto, Canada M5S 1A8

Telephone [416] 978-2728
416-978-4641

Fax [416]978-6395

Professor JIN, Guo-Zhang,
Department of Pharmacology
Shanghai Institute of
Materia Medica,
Chinese Academy of Sciences,
319 Yue-Yang Road,
Shanghai, 200031,
CHINA.

April 9, 1989.

Dear Professor JIN,

Thank you for your letter of March 9th, 1989, and for your kind invitation to visit China. Although there is a possibility of visiting China for two weeks, I would require funds for travel and hotel for both my wife and I. Please let me know if this can be provided from China.

The data for the drugs you sent are:

D2 RECEPTOR [Anterior pituitary tissue from pig]
Using [^{3}H]spiperone with 10 uM S-sulpiride baseline

Name of drug	IC_{50}	$K_i = \frac{IC_{50}}{1 + C^*/K_D}$	From Prof. JIN
l-Stepholidine	20 nM	5 nM	85 nM
Tetrahydroberberine [THB]	350 nM	60 nM	750 nM
l-Tetrahydropalmatine [l-THP]	1000 nM	250 nM	850 nM

D1 RECEPTOR [Canine striatum, using [^{3}H]SCH 23390, with 1 uM (+)-butaclamol baseline]

l-Stepholidine	7 nM	1 nM
THB	High-affinity site: = 2 nM	0.3 nM
	Low-affinity site: =200 nM	30 nM
THP	High-affinity site: = 60 nM	10 nM
	Low-affinity site: =800 nM	130 nM

Hence, the surprising thing is that these drugs are more potent on D1 than D2 receptors.

Sincerely yours,
Philip Seeman
Philip Seeman, M.D., Ph.D.,
Professor.

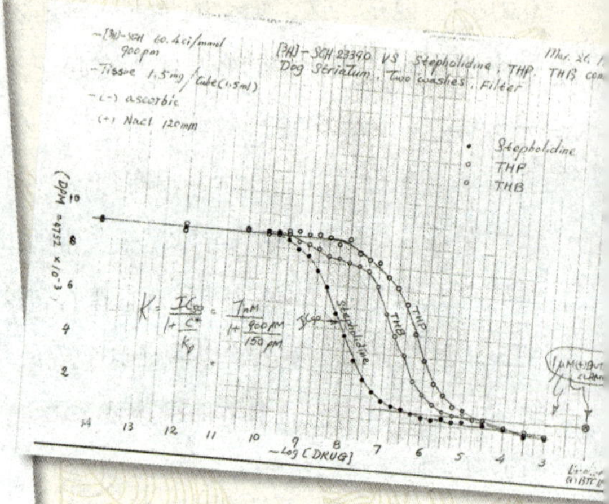

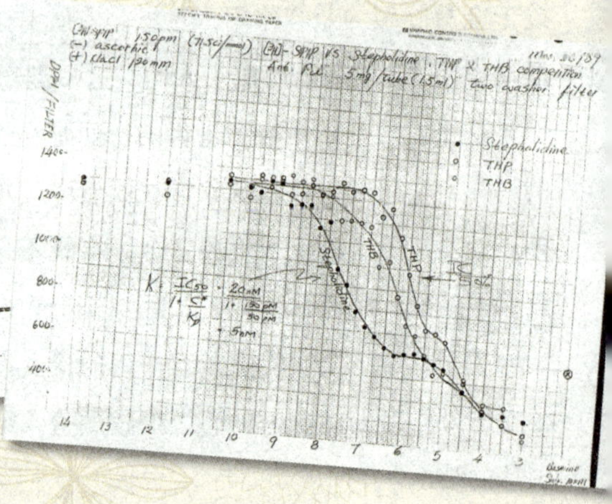

△ C J. M. Stutzmann 博士给金国章的信

2. 知道现象，更要知道原理

发现一个新现象仅仅是开始。老话说得好，知其然，也要知其所以然。科学研究也是这样，不能仅仅停留在描述现象上，而要探究其本质。金国章按照这种思路，继续开展对左旋千金藤啶碱的研究。

在这个过程中，又凸显了科研工作的一个特点，就是广泛的同行交流非常重要。

多巴胺的受体大致可以分为两种，即 D_1 类和 D_2 类。金国章最初提出了三种**科学假设**。第一种假设：这两种受体有截然不同的生理功能，从而导致左旋千金藤啶碱的兼容作用；第二种假设：左旋千金藤啶碱的剂量不同会导致兼容作用，小剂量产生激动，增大剂量则转为阻滞作用；第三种假设：兼容作用由细胞功能变化所致。但是，究竟哪一种假设符合实际情况，还需要实验验证。

◁**科学假设**是一种基于实验知识和观察的“有根据的猜测”。假设的基本思想是没有预先确定的结果。一个假设要被称为科学假设，它必须是可以通过精心设计的实验或观察来支持或反驳的东西。

一次国际学术会议给了金国章研究的灵感。1987 年，金国章赴澳大利亚悉尼参加第十届国际药理学大会，然后又参加了关于多巴胺研究的专题会议。在这次会议上，很多同行提到了 D_1 类和 D_2 类受体的不同生理功能。这让金国章感到兴奋，联想到自己的研究，他认为第一种假设的可能性很大！

会后，金国章决定沿着第一种假设的思路开展深入研究。他指导博士生黄开星做具体实验。科学家通过指导学生培养新生力量，保证有新鲜血液不断加入科学研究的工作中来。

经过多次反复试验，金国章和黄开星成功地证明了他们的科学假设——左旋千金藤啶碱确实对 D_1 类受体有激动作用，对 D_2 类受体有阻滞作用。至此，金国章的团队成为中国多巴胺研究的开拓者，金国章个人荣获了 1989 年度国家自然科学奖二等奖、1991 年度国家自然科学奖三等奖。

3. 巧用双重作用治疗精神分裂症

科学研究的最后一步是产业化。

弄清楚左旋千金藤啶碱的机制之后，金国章开始思考如何把它变成具备临床用途的药物用来治病。当时，一般认为用多巴胺阻滞剂治疗**精神分裂症**，用多巴胺激动剂治疗**帕金森综合征**。但是左旋千金藤啶碱的机制与其他同类物质都不同，左旋千金藤啶碱的双重作用可以激动 D_1 受体、阻滞 D_2 受体，不能用以往的思路研制药物。那么，该怎样利用它的特点呢？应该把它变成治疗哪种疾病的药物呢？

金国章又一次在学术交流过程中获得了灵感。在法国学术访问期间，一位法国学者告诉他，当时普遍用 D_2 阻滞剂治疗精神分裂症，有人想用 D_1 受体阻滞剂代替 D_2 阻滞剂治疗少数精神分裂症患者，但是结果失败了。金国章立刻想到，既然 D_1 受体阻滞剂治不了精神分裂症，那么 D_1 受体激动剂可不可以呢？如果可以的话，那么左旋千金藤啶碱的激动 D_1 受体同时阻滞 D_2 受体的特点，不是正好可以产生双重作用治疗精神分裂症吗？

基于上述假设，金国章赶紧带着学生做实验验证，结果证明左旋千金藤啶碱真的具备这种双重作用。从偶然发现左旋千金藤啶碱的特殊作用开始，经过长期研究，金国章一步步带领团队，终于把左旋千金藤啶碱变成了一种治疗精神分裂症的新型药物。在这个过程中，金国章做出了国际领先的科研成就，还为中国的药理学事业培养出很多年轻学者。

◁**精神分裂症**是一组精神症状所组成的疾病，患者的思维出现障碍，情感、行为、认知等方面都会出现问题。精神分裂症的患者没办法从事正常的社会活动，没办法与人交往，没办法正常学习、工作。对精神分类症患者来说，仅仅药物治疗是不够的，还需要心理行为治疗和社会功能康复治疗相配合。

◁**帕金森综合征**的症状是患者变得行动迟缓、目光呆滞，缺乏灵活性，并且会逐渐出现震颤的情况。帕金森综合征发展到晚期，患者会失去自理能力，出现多种并发症。

鱼类学、生态学家——刘建康

刘建康（1917年9月—2017年11月），出生于江苏省吴江县（今吴江市）。鱼类学、淡水生态学家，我国淡水生态学奠基人、鱼类实验生物学主要开创者，中国科学院院士。1938年毕业于东吴大学，1947年毕业于加拿大麦吉尔大学获哲学博士学位。1950年起一直在中国科学院水生生物研究所工作。20世纪40年代，在世界上首次揭示了黄鳝的性别转变规律，为低等脊椎动物性别分化机理的研究开拓了新思路；50年代起，先后总结了我国池塘养鱼和大水面渔业利用经验，显著促进了淡水渔业的发展；他主持开展长江鱼类生态调查，是新中国成立以后有关淡水鱼生态的最系统、最完整的调查工作，并成为后来论证葛洲坝和三峡大坝对鱼类生态影响的重要依据。他首创以系统生态学概念开展淡水生态学研究，领导开展的武汉东湖生态学研究历时40余年，确立了我国湖泊研究在世界湖沼学界的重要地位。

从鱼类学到淡水生态学，刘建康以求真务实的执着信念和服务社会的强烈责任心，以不惧权威敢于创新的科学精神，获得了研究领域的一次次突破，实现了探索领域的日益拓展。

1. 在艰苦的条件中历练

▷**伍献文**（1900.3—1985.4）：出生于浙江瑞安。中国科学院院士。动物学家，中国研究鱼类学和水生生物学的奠基人之一，对蠕虫、甲壳、两栖爬行、鸟类等进行了深入的研究。

1939 年，刘建康到内迁重庆的国立中央研究院动植物研究所读研究生，**伍献文**是他的研究生导师。彼时，正是日军疯狂侵略中国的时期，各方面条件都很艰苦。伍献文有时候必须要变卖家里的物品来维持生活，有时候吃不上大米，甚至连咸菜都没得吃，但是他却将多年来制作的鱼类标本和收集的图书资料一直保存完好。这让刘建康非常佩服，也学到了勇敢面对困难的生活态度。

伍献文提倡学术自由，尊重学生自己的想法。他保存了很多标本，可以给刘建康开展研究用。基于此，他给了刘建康一个关于鱼类分类的研究题目，让其自主研究。刘建康决心做好这个研究课题。在鱼类的分类学研究中，鱼类解剖必不可少。刘建康以前并没有解剖过鱼类，只能从零开始实践鱼类解剖。当时战时的条件艰苦，对外交流的渠道都被封锁了，能参考的资料很少，幸好英国的著名学者**李约瑟**在四川，在李约瑟的帮助下，有几千本图书运到国内。刘建康发现了这些外文参考资料，就像发现一块宝地一样，从中不仅可以获得新的观点和先进理念，也能读到相对前沿的学术信息，还可以用来与解剖实验研究结果相对照。通过参考这些英文资料，刘建康逐步推进、完成了研究工作并独立发表了一篇论文，得到了导师的肯定。

▷**李约瑟**（1900.12—1995.3）：英国近代生物化学家、科学技术史专家，1922 年、1924 年先后获英国剑桥大学学士、哲学博士学位。1942—1946 年在中国，历任英国驻华大使馆科学参赞、中英科学合作馆馆长。其著作《中国的科学与文明》对现代中西文化交流影响深远。

成功发表第一篇学术论文后，刘建康备受鼓舞，准备继续开展新的研究课题。其间，他在一位老工人的带领下到野外考察，希望能有新的发现。功夫不负有心人，刘建康在考察中有了有趣的发现：有一种鱼在湍急的水流中能够粘在石头上，被称作“文胸鱼”。为了搞清楚文胸鱼是怎么做到的，刘建康冒险采集了很多文胸鱼标本。

一般来说，鱼类身上长着吸盘吸附在石头表面，但是刘建康发现，文胸鱼虽然有类似的结构，但却不是简单地吸在石头上。经过解剖研究发现，文胸鱼的胸部褶皱部位的细胞具有特殊结构，能够帮助文胸鱼固定在石头表面，与吸盘的原理不同。这是刘建康的一个新的研究成果。

与此同时，他还发现了两种新的淡水**虾虎鱼**。一次，他在野外激流中寻找鱼的踪迹，突然惊喜地发现虾虎鱼也可以不被水冲走，于是采集了一些做实验。虾虎鱼对当时的鱼类学家来说并不陌生，但是阅读过相关文献、再对照以往记录，刘建康发现采集的样本中竟然有两种没有记录过的虾虎鱼，这让他兴奋不已，这是不是新的种类呢？他开始广泛地查找相关文献，在确认国内外没有文献讨论和报道这两个新种后，准备深入研究这两种鱼。

这两种虾虎鱼到底新在什么地方呢？刘建康需要发表文章说明理由。对于**生物分类学**来说，判断是否新种主要是从身体结构上进行分析。比如，咽喉齿（即生在咽喉里的牙齿）是一个很重要的分类学指标，咽喉齿几排、几条、每排几个都有明确的数字，不同的种有不同的咽喉齿特征。刘建康通过解剖获得了直观而具体的证据，从而证明了这两种鱼是新的种类。

◁**虾虎鱼**是虾虎鱼科各种类的统称。它们每一种都有符合各自特征的名字，如“侏儒虾虎鱼”“寻常虾虎鱼”等。虾虎鱼多数身材短小，仅有几厘米长，是鱼类中最大的家族，已知种类有2100多种。虾虎鱼食性杂，分布广泛，除南极、北极外的世界各沿岸水域都有分布，还有一些在淡水中生活。

◁**生物分类学**研究生物分类的理论和方法。现在最流行的是五界系统，首先将生物分为原核生物界、原生生物界、植物界、真菌界、动物界。界之下还有门、纲、目、科、属、种，一共七个主要级别。

之后刘建康又陆续发现黄鳝用口喉部的上皮组织呼吸，此器官平时可以呼吸空气，在完全闷在水里时，也可以吸收水中溶解的氧气。因此，黄鳝离开水也不会因缺氧而死。研究黄鳝时发现了黄鳝的性别转化现象，论文《低等脊椎动物的雌雄同体》的发表受到国际动物学界的高度关注。至此，刘建康在学术界声名鹊起。

2. 与李约瑟结下友谊

李约瑟是著名的英国科学家，对中国一直怀有深厚的感情，并且一直关注中国古代的科学技术成果，还专门写书介绍中国古代辉煌的科技成就。他提出的**李约瑟之问**是科学史领域一个有名的问题。

◁**李约瑟之问**也叫“李约瑟难题”，是李约瑟在其编著的15卷《中国科学技术史》中正式提出的，其主题是“尽管中国古代对人类科技发展做出了很多重要贡献，但为什么科学和工业革命没有在近代的中国发生？”对此，有很多学者从不同角度进行过解答。

早在20世纪30年代，李约瑟就与中国科学界有了交往。1942年9月，李约瑟率英国科学文化考察团经美国、印度辗转飞抵重庆，在重庆忙完了一切事务后搭车来到成都。1943年，李约瑟创建了中英合作馆，自任馆长。合作馆直属英国文化委员会，主要为战时中国的科研和教育提供援助，包括医药仪器、书籍等物资。当时的中国科学界各种资料奇缺，李约瑟就通过英国文化委员会将6675册图书通过海路运到印度，再中转空运到中国，并将近200种英国科学工程和医学杂志复制成缩微胶卷运到中国。这些宝贵资料成为中国战时科学界的主要信息来源，在当时起到了至关重要的作用，为中国科学家打开了一道通往世界的大门。李约瑟还不遗余力地推荐了许多中国科学家的论文在国外发表。在中国访问期间，李约瑟访问了中国近300个学术研究机构，足迹遍及十个省份，行程超过25000千米，对中国抗战时期的科学进展状况有了总体的认识和局部深入的考察。接着，他把在中国的经历写成了一本书——《战时中国之科学》，书里记载了他在中国的发现、他对战时中国科学界的印象、他的演讲词和答记者问等内容。

在刘建康不断做出成绩的时候，李约瑟正好在四川，并结识了刘建康。刘建康的英文很好，可以和李约瑟毫无障碍地交流，所以李约瑟对刘建康印象很深。后来，刘建康和其他几个人一起翻译了《战时中国之科学》这本书。李约瑟一直记得刘建康这个出色的中国学者，多年之后，他写信问候刘建康，并把他的一位朋友介绍给刘建康。

正是由于有刘建康这样的年轻科学家存在，才让国际科学界一直不能轻视中国科学，一直相信中国科学一定会有辉煌的未来。

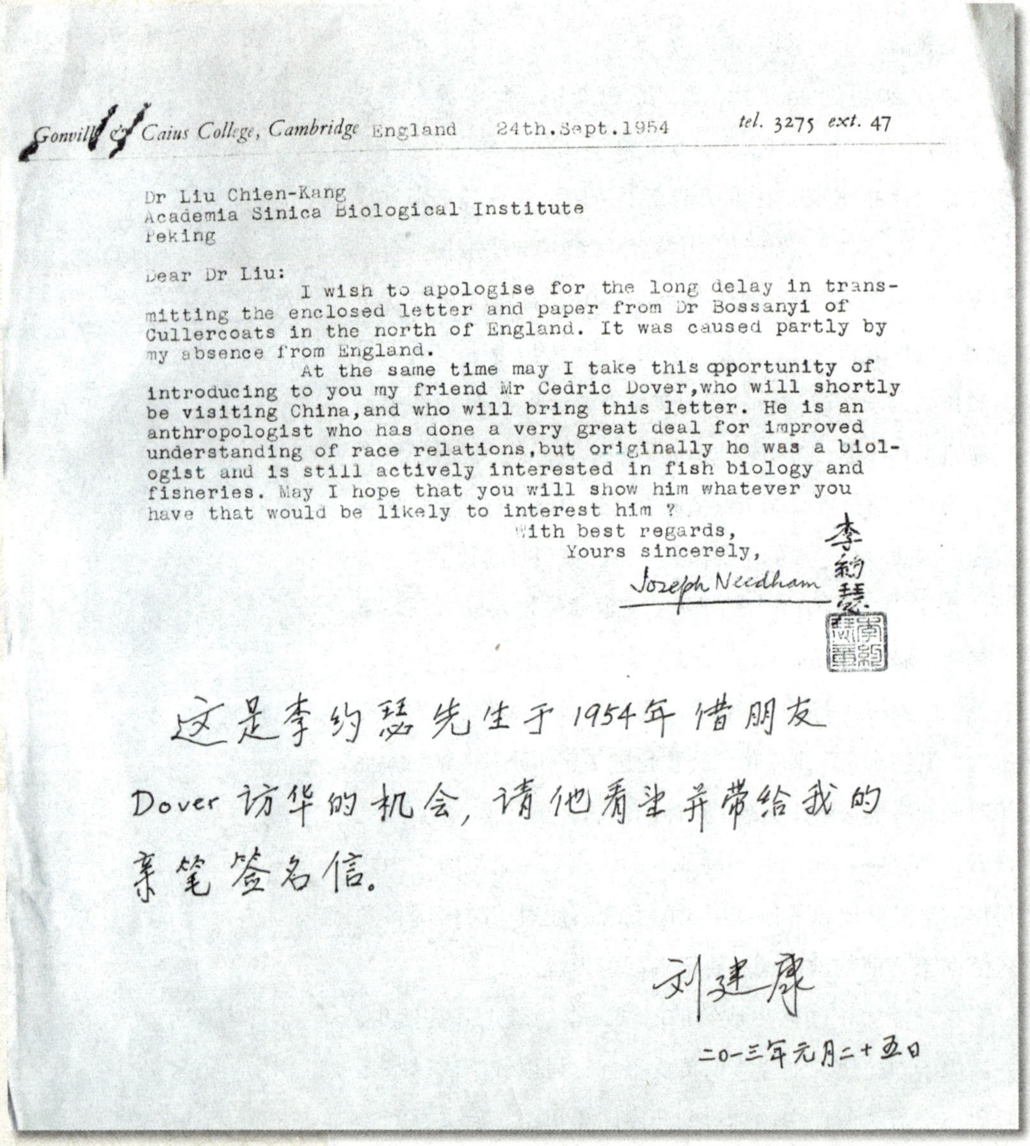

Gonville & Caius College, Cambridge England 24th.Sept.1954 tel. 3275 ext. 47

Dr Liu Chien-Kang
Academia Sinica Biological Institute
Peking

Dear Dr Liu:

I wish to apologise for the long delay in transmitting the enclosed letter and paper from Dr Bossanyi of Cullercoats in the north of England. It was caused partly by my absence from England.

At the same time may I take this opportunity of introducing to you my friend Mr Cedric Dover, who will shortly be visiting China, and who will bring this letter. He is an anthropologist who has done a very great deal for improved understanding of race relations, but originally he was a biologist and is still actively interested in fish biology and fisheries. May I hope that you will show him whatever you have that would be likely to interest him ?

With best regards,
Yours sincerely,
Joseph Needham 李约瑟

这是李约瑟先生于1954年借朋友Dover访华的机会，请他看望并带给我的亲笔签名信。

刘建康
二0一三年元月二十五日

▽ 1954 年李约瑟写给刘建康的信。因为只发现复印件，刘建康在其上亲笔写了说明

3. 挑战国际学术权威

1944 年，当时的教育部举办中英文教基金留学公费生考试，刘建康报考并以扎实的专业基础和出众的英语能力被录取。

李约瑟知道这件事情后，很热心，一定要让这个才华出众的中国学者出国增进学识。他曾给刘建康推荐了一位英国导师，不巧这位导师正在皇家空军服役，三年后才能退役回到学校。并且当时英国因为第二次世界大战，物资很缺乏，生活很困难，李约瑟便推荐他到加拿大留学，那里物资丰富，生活条件也相对好一些。加拿大有个特色，既有英国后裔，也有大量法国后裔，所以很多好学校以法语讲学，可刘建康不会法语、只会英语。于是，李约瑟建议刘建康去英文为主的**麦吉尔大学**，他给麦吉尔大学的系主任写了一封信，介绍刘建康的成绩。麦吉尔大学很快就接受了刘建康的申请。等到刘建康出国时，李约瑟又写了亲笔信让刘建康带过去。

◁ **麦吉尔大学**始建于 1821 年，是加拿大魁北克省最古老的英语大学。学校坐落于加拿大第二大都市蒙特利尔，是一所蜚声全球的顶尖学府，研究水平享誉世界，有“北方哈佛”或者“加拿大哈佛”的美誉。

现在去加拿大坐飞机很快就到了，但是当时交通方式不如现在先进，那时候去加拿大的旅途非常漫长。1945 年 9 月，刘建康由重庆登机，取道昆明、再经印度加尔各答到孟买，又转乘远洋轮船穿过红海、地中海、大西洋到纽约，再乘火车到达加拿大蒙特利尔市。这趟旅程持续了整整三个月，直到 12 月才到目的地。

让刘建康印象最深的是海上生活。在茫茫的大海上，刘建康度过了整整一个月的时间，看书成了他唯一的消遣。他的英语虽然好，但擅长的还是专业英语，日常的英语口语不是很熟（主要是因为平时用不到），所以他对自己能否适应留学生活心里一直没底。为了到加拿大后能与导师和同学们更好地交流，尽快适应那里的学习和生活，刘建康带了一本英文强化教材，在船上整天学习，这一个月的海上行程让刘建康的英语口语有了明显提高。

刘建康非常珍惜来之不易的留学机会，在麦吉尔大学，他把所有时间都用在了研究工作上。当时的中国留学生一心想要在有限的时间内多学本领，将来能帮助中国摆脱落后局面。

刘建康动身前往加拿大留学前，导师伍献文曾语重心长地对他说："多少年来，中国由于连年战乱，自然科学发展很缓慢。传统的鱼类学，我们古书上记载太粗，新的东西主要是外国各研究机构学者在进行分类学研究。传教士来中国大量采集鱼类样品，我国海关大开绿灯，他们把鱼类样品带回去后进行分类、做成标本，存放于大英博物馆、巴黎博物馆。出去留学，一方面看存放在外国的中国鱼类标本，最主要的是逐步形成自己的分类研究体系；另一方面要开展实验生物学的研究。"

刘建康没有忘记这番话。从 1946 年 1 月开始，刘建康进入了为期两年的海外博士研究生学习生活，他先师从实验胚胎学家霍尔弗雷特博士，并兼任大学本科比较解剖学课程的实验指导员；不久，因霍尔弗雷特应聘到美国罗彻斯特大学任教，麦吉尔大学研究生院便指定本校动物系的贝锐尔教授担任刘建康的博士论文导师。

1946 年 7 月至 8 月，刘建康远赴美国麻省**伍兹霍尔海洋生物实验室**进修海洋无脊椎动物学课程，并进行博士论文的实验工作。第二年暑假，刘建康又在美国伍兹霍尔实验细胞学实验室进修胚胎学。有了在麦吉尔大学接受的系统基础理论学习，又在美国专业实验室接受了严格训练，刘建康在专业上底气更足了。其间，他有机会听高水平的学术讲座，

▷**伍兹霍尔海洋生物实验室**于 1888 年在美国马萨诸塞州的伍兹霍尔建立，利用当地丰富的海洋生物材料，研究各种生物学的基本问题，是当今世界上最大也是最有影响的海洋生物实验工作站。

包括一些诺贝尔奖获得者的演讲。接下来，他回到学校，开始全心投入论文写作。最终，刘建康在麦吉尔大学完成了博士学业，并且完成了两篇论文。在这两篇论文里，他对德国生物学家**魏斯曼**的种质连续学说提出了挑战。

魏斯曼是一位世界级的生物学权威。他在对水螅的观察中提出**种质连续学说**，认为后天获得的形状完全不可能遗传。当时的生物学界有一些科学家并不同意这个说法，刘建康的导师贝锐尔就是其中之一。刘建康的博士论文就以此为方向，对水螅进行了细致观察，结果发现，魏斯曼和其他支持种质连续学说的学者对水螅的观察有一些错误，并在论文中勇敢地指了出来。这种敢于挑战权威的勇气赢得了生物学界同行的尊重，更是令人看到了中国生物学界的希望。贝锐尔对刘建康也非常欣赏，在很多年后还写信给刘建康，表达对他的赞赏。

刘建康仅用了一年半时间便拿到了博士学位，接着应邀到美国伍兹霍尔细胞实验室工作，在该实验室当了一年副研究员。这期间，他的工作非常出色。不过，刘建康始终心系祖国，想要尽快回国，但不幸的是，此时回中国的轮船都停航了。于是，他四处张罗回国的船票，几乎每天打电话询问远洋轮船公司什么时候能开班，可答复都是无可奉告。原来因为物价飞涨，海员要求增加工资，美国爆发了海员大罢工。

在等待轮船复航期间，导师和外国同行没少劝刘建康留在美国工作。早在论文答辩之后，贝锐尔就对刘建康说，“我们合作得非常愉快，取个英文名字吧，我希望你留下来。”面对导师的欣赏，刘建康借用西洋肢体动作——双手一摊，表示对不起、无能为力，婉言谢绝了。这种爱国情怀，晚年的刘建康仍然非常在意。他曾经激动地说：“我们那时候的留学生没有听说有不回国的，都是要最后回到自

◁ **魏斯曼**（1834.1—1914.11）：德国动物学家，他提出的种质论和种质连续学说在生物学上非常有名。

◁ **种质连续学说**的核心理论是，动物的遗传性状都是从生殖细胞中得到的，与体细胞无关，所以从外界获得的性状不会遗传。他做过一个著名的试验：把连续22代小鼠的尾巴切断，但始终没有发现小鼠的尾巴变短或者消失。在这个试验中，人为切断小鼠的尾巴并没有影响下一代小鼠长出同样长的尾巴，也就是说，后天获得的“没有尾巴”这个性状不会遗传给下一代。

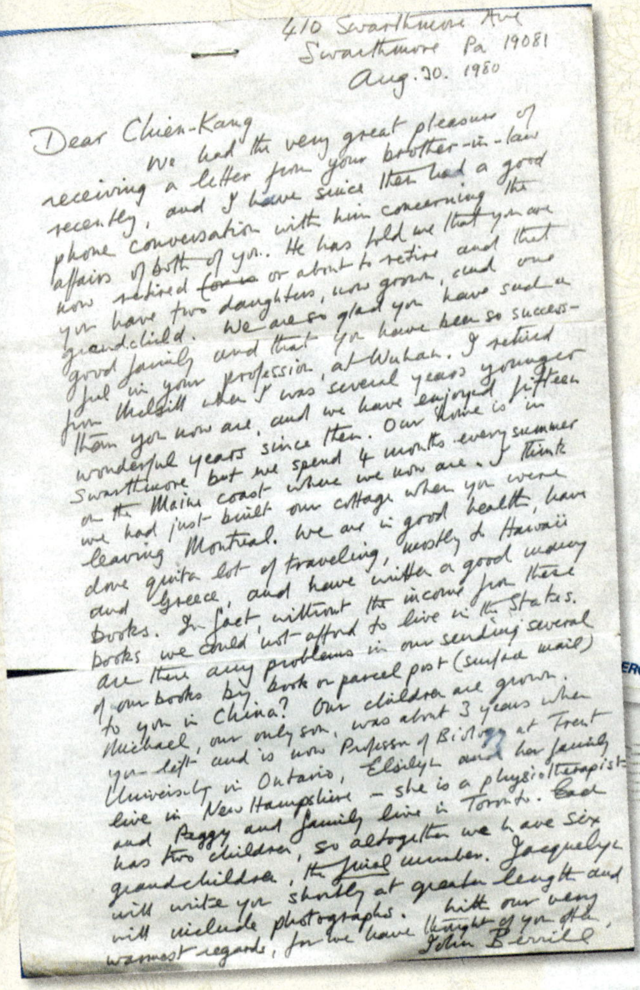

410 Swarthmore Ave
Swarthmore Pa 19081
Aug. 20. 1980

Dear Chien-Kang

We had the very great pleasure of receiving a letter from your brother-in-law recently, and I have since then had a good phone conversation with him concerning the affairs of both of you. He has told me that you are now retired or about to retire and that you have two daughters, now grown, and one grandchild. We are so glad you have such a good family and that you have been so successful in your profession at Wuhan. I retired from McGill when I was several years younger than you now are, and we have enjoyed fifteen wonderful years since then. Our home is in Swarthmore but we spend 4 months every summer on the Maine coast where we now are. I think we had just built our cottage when you were leaving Montreal. We are in good health, have done quite lot of traveling, mostly to Hawaii and Greece, and have written a good many books. In fact without the income from these books we could not afford to live in the States. Are there any problems in our sending several of our books by book or parcel post (surface mail) to you in China? Our children are grown. Michael, our only son, was about 3 years when you left and is now Professor of Biology at Trent University in Ontario. Elsilyn and her family live in New Hampshire – she is a physiotherapist and Peggy and family live in Toronto. Each has two children, so altogether we have six grandchildren, the usual number. Jacquelyn will write you shortly at greater length and will include photographs. With our very warmest regards, for we have thought of you often,

John Berrill

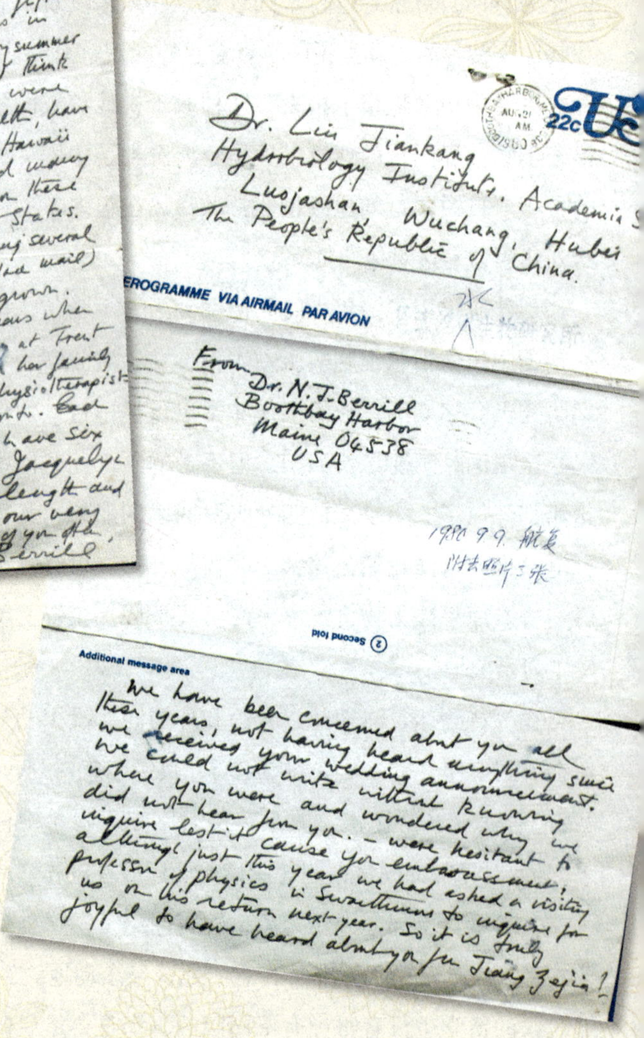

Dr. Liu Jiankang
Hydrobiology Institute, Academia S
Luojashan Wuchang, Hubei
The People's Republic of China

AEROGRAMME VIA AIRMAIL PAR AVION

From
Dr. N. J. Berrill
Boothbay Harbor
Maine 04538
USA

1980.9.9. 航复
附去照片三张

② Second fold

Additional message area

We have been concerned about you all these years, not having heard anything since we received your wedding announcement. We could not write without knowing where you were and wondered why we did not hear from you. – were hesitant to inquire lest it cause you embarrassment, although just this year we had asked a visiting professor of physics in Swarthmore to inquire for us on his return next year. So it is truly joyful to have heard about you from Jiang Zejia!

△▷ 1980 年贝锐尔写给刘建康的信

己的国家，报效国家。但是，到现在都很奇怪了，怎么出国的留学生都不愿意回来了？”

刘建康等到海员大罢工结束终于登上了回国的海轮。在他收拾的行李中，主要是他的学习笔记，还有不少从国外买给所里的原版书，另外还有一台保存至今的英文打字机。由于当时没有国产打字机，刘建康心想带一台回去，不仅自己有用，对同事们也会有帮助，便用节省下来的生活费买了一台。

刘建康在从事科研工作的初期就表现出敢于挑战的品质和报效祖国的爱国热情，这为他的科研之路开了一个好头，而且始终贯穿在他的科研工作中。拿到博士学位后，刘建康没有忘记初心，义无反顾地回到祖国，在几十年的时间内，由鱼类学到鱼类生态学、再到淡水生态学，不断挑战新领域，最终成为中国水生生物学的大师级人物。

核物理学家——钱三强

钱三强（1913 年 10 月—1992 年 6 月），出生于浙江绍兴，原籍浙江湖州。核物理学家，中国原子能科学事业的创始人，中国“两弹一星”元勋，中国科学院院士。1936 年毕业于清华大学。1948 年任清华大学物理系教授、中国科学院副院长兼浙江大学校长。他在核物理研究中获多项重要成果，特别是发现重原子核三分裂、四分裂现象，并对三分裂机制作了科学解释，为中国原子能科学事业的创立、发展和“两弹”研制做出了突出贡献。

钱三强抱着“科学家是有祖国的”报国梦，不仅为原子弹的研制做出了贡献，也为中国原子能事业的发展呕心沥血，为培养中国原子能科技队伍立下了不朽的功勋。

1. 心系祖国　为胜利而牺牲

▷ **三钱**：指中国航天之父钱学森、中国原子弹之父钱三强、中国近代力学之父钱伟长。“三钱”是中国科技领域的杰出人物，也是世界顶尖的科学家。

钱三强是中国科技史上著名的“**三钱**”之一、“**两弹一星**”元勋。在欧洲留学时，他就在核物理领域做出了很多成绩，比如在**约里奥 – 居里**领导的实验室里，与何泽慧等人一起发现铀核的三分裂和四分裂现象。这被约里奥 – 居里称为第二次世界大战后他实验室里第一个重要工作。钱三强还被法国国家科学研究中心聘请为研究员、研究生导师，获得了法兰西荣誉军团军官勋章。1948 年回国的时

▽ 钱三强 1947 年 2 月 1 日复梅贻琦信

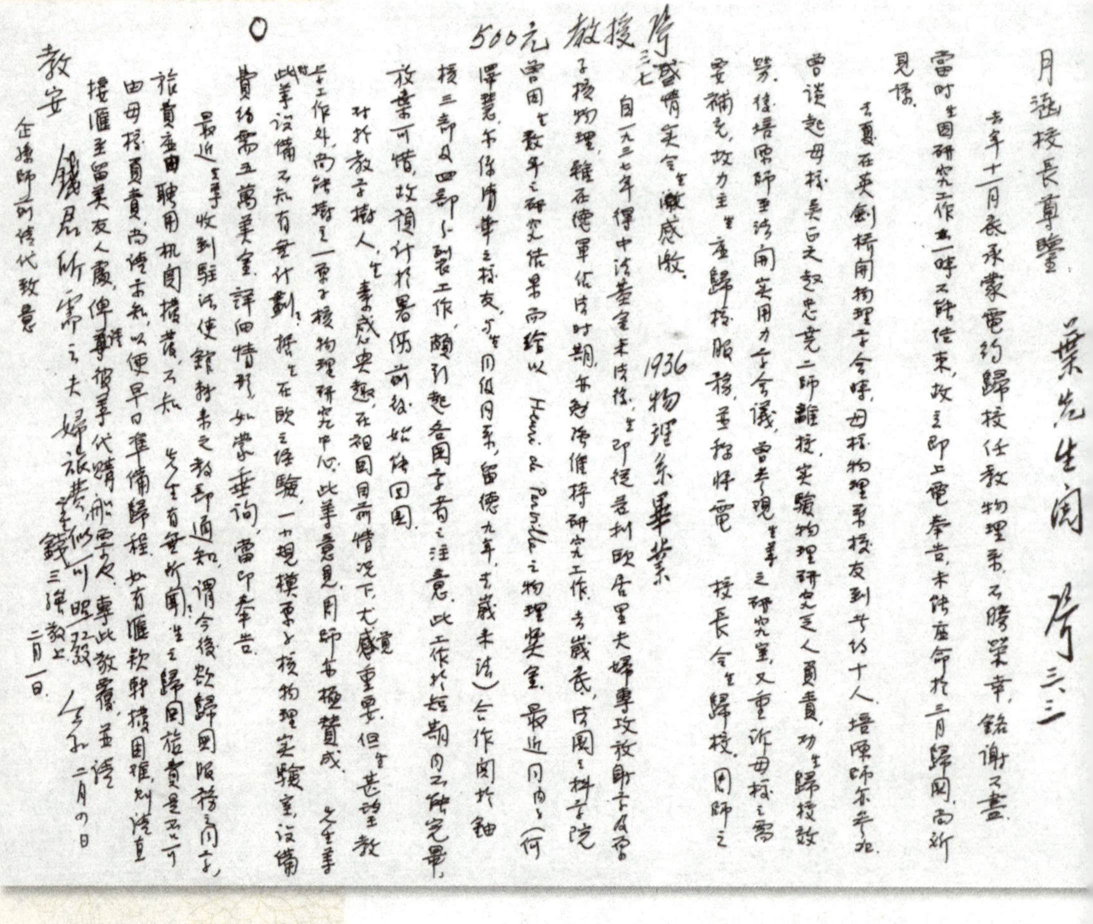
月涵校長尊鑒：
去年十一月底承蒙電約歸校任教物理系，不勝榮幸，銘謝不盡。當時生因研究工作一時不能結束，故未即上電奉告，本擬俟命於二月歸國，面祈見諒。
去夏在英劍橋開物理學會時，母校物理系校友到者約十人，培源師亦參加。曾談起母校吳正之、趙忠堯二師離校，實驗物理研究乏人負責，力生歸校教勞。後培源師並詢問實用力學會議，曾表示現生等之研究室，又重述母校之需要補充，故力主生歸校服務，並轉呈電 校長令生歸校。周師之盛情實令生感激。
自一九三七年得中法基金來法後，生即從居利歐居里夫婦專攻放射學及原子核物理，雖在德軍佔法時期，亦勉強維持研究工作。去歲春，法國之科學院曾因生數年之研究結果而給以 Henri de Parville 之物理獎金。最近同內子（何澤慧，亦係清華之校友，與生同級同系，留德九年，去歲來法）合作關於鈾核三部及四部分裂工作，頗引起各國學者之注意。此工作於短期內不能完畢，放棄可惜，故預計於暑假前後始能回國。
對於教學樹人，生素感興趣，在祖國目前情況下尤感覺重要。但生甚望教學工作外，尚能樹立一原子核物理研究中心。此事意見周師亦極贊成。先生等對此事設備不知有無計劃？據生在歐之經驗，一小規模原子核物理實驗室設備費約需五萬美金。詳細情形，如蒙垂詢，當即奉告。
最近生等收到駐法使館轉來之教部通知，謂今後歸國服務之同學，旅費應由聘用機關擔當。不知 先生有無所聞？生之歸國旅費是否可由母校負責，尚請示知，以便早日準備歸程。如有匯款轉撥困難，則請直接匯至留美友人處，俾轉托彼等代購船票。專此敬叩，並請
教安
生 錢三強 敬上
二月一日。
企孫師前請代致意

葉先生閱 [illegible] 三、三
500元 教授 [illegible] 三、七
1936 物理系畢業
錢君所需之夫婦旅費似可照發。 [illegible] 二月四日

候，他已经是一个享誉世界的科学家。

虽然在国外做出了杰出成就，但钱三强一直心系祖国，希望能够为祖国的科学事业做贡献，建立中国的核物理学科。在 1947 年给时任清华大学校长**梅贻琦**的回信中，钱三强表达了这个愿望。

“对于教学树人，生素感兴趣，在祖国目前情况下，尤觉重要。但生甚望教学工作外，尚能树立一原子核物理研究中心，此等意见，周师（**周培源**）亦极赞成。先生等对此等设备不知有无计划？据生在欧之经验，一小规模原子核物理实验室，设备费约需五万美金。详细情形，如蒙垂询，当即奉告。”

◁**两弹一星：**指导弹、核弹（包括原子弹和氢弹）、人造卫星。在中国做出独立研制“两弹一星”决策后，大量的科学家隐姓埋名，把几十年的大好年华奉献给祖国，为“两弹一星”的研制成功立下汗马功劳。这批科学家被称为“两弹元勋”，他们是中华民族的脊梁。

◁**约里奥－居里：**约里奥－居里是居里夫人的女婿，他娶了居里夫人的长女伊蕾娜·约里奥－居里。约里奥－居里夫妇由于对人工放射性的研究，获得了 1935 年诺贝尔化学奖。约里奥－居里曾经建议，为了维护世界和平，中国也应搞原子弹。

◁**梅贻琦**（1889.12—1962.5）：1931—1948 年任国立清华大学校长，为清华大学奠定校格。他说过一句著名的话：“所谓大学者，非谓有大楼之谓也，有大师之谓也！”因其对清华大学的突出贡献，被清华人誉为“永远的校长”。他对师资人才进行严格的遴选和延聘，并推行一种集体领导的制度。中国现代最著名的教育家之一。

◁**周培源**（1902.8—1993.11）：中国著名物理学家，中国近代力学奠基人和理论物理奠基人之一，中国科学院院士。曾任清华大学教务长、校务委员会副主任，北京大学教务长、副校长和校长，中国科学院副院长。

2. 组建中国科学院

钱三强的科学报国愿望直到新中国成立后，才逐步踌躇满志地开展。而且，新中国把更重要的事情交给了他。

1949 年 7 月，新中国成立前夕，许多科学家齐聚一堂，举行了中华全国自然科学工作者代表会议的筹备会议。会上，周恩来总理讲道："一定要成立一个属于人民的科学院。"国家领导人希望钱三强能够加入筹备建立中国科学院的工作中。钱三强毫不犹豫地答应下来，承担了计划局副局长的工作，并且全身心地投入筹备。

筹建科学院是组织管理工作。为了给新中国科学事业的发展开个好头，钱三强等人必须把科学工作各方面的政策、方针、规章、制度都制定出来。作为一名科研工作者，他不擅长处理人际关系、组织关系等，在工作过程中遇到了很多问题，这让年轻的钱三强有点沮丧，认为自己不应该再做这项工作，所以向计划局局长**竺可桢**申请到原子能研究所，回到熟悉的科研工作上。

▷ **竺可桢**（1890.3—1974.2）：中国近代气象学家、地理学家、教育家，中国近代地理学和气象学的奠基人。在历史气候学方面成就最大，也是中国历史气候学的奠基人。从 1921 年留学回国的第二天，直到 1974 年逝世的前一天，竺可桢一直坚持每天观察物候和天气，留下了长达半个多世纪的不间断记录。

竺可桢深思熟虑后做了折中安排——让钱三强一半时间在原子能所，一半时间在科学院工作。钱三强服从了组织安排，并对自己的缺点进行了反思——科学院筹建工作遇到问题与自己的急躁、主观等毛病有关，应该努力改掉这些问题。为了新中国科学事业的大局，他决定即使暂时不能全身心投入核物理的研究中去，也要把中国科学院的筹备建设工作做好。他在给约里奥－居里夫妇的信中也提到了这一点。

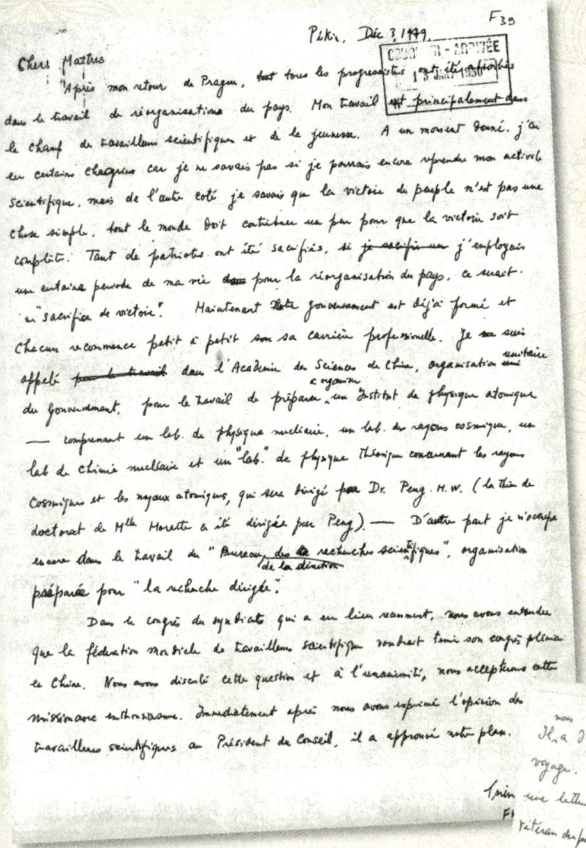

F39

Pékin, Déc 3, 1949.

Chers Maîtres

"Après mon retour de Prague, tous les progressistes ont été absorbés dans le travail de réorganisation du pays. Mon travail est principalement dans le champ des travailleurs scientifiques et de la jeunesse. A un moment donné, j'ai eu certains chagrins car je ne savais pas si je pourrais encore reprendre mon activité scientifique, mais de l'autre coté je savais que la victoire du peuple n'est pas une chose simple, tout le monde doit contribuer un peu pour que la victoire soit complète. Tant de patriotes ont été sacrifiés, si j'employais une certaine période de ma vie pour la réorganisation du pays, ce serait un "sacrifice de victoire". Maintenant notre gouvernement est déjà formé et chacun recommence petit à petit sa carrière professionnelle. Je suis appelé dans l'Académie des Sciences de Chine, organisation unitaire du gouvernement, pour le travail de préparer et organiser un Institut de physique atomique — comprenant un lab. de physique nucléaire, un lab. des rayons cosmiques, un lab. de chimie nucléaire et un "lab." de physique théorique concernant les rayons cosmiques et les noyaux atomiques, qui sera dirigé par Dr. Peng H.W. (la thèse de doctorat de Mlle Morette a été dirigée par Peng). — D'autre part je m'occupe encore dans le travail du "Bureau de la direction des recherches scientifiques", organisation préparée pour "la recherche dirigée".

Dans le congrès des syndicats qui a eu lieu récemment, nous avons entendu que la fédération mondiale des travailleurs scientifiques voudrait tenir son congrès plénier en Chine. Nous avons discuté cette question et à l'unanimité, nous acceptons cette mission avec enthousiasme. Immédiatement après nous avons exprimé l'opinion des travailleurs scientifiques au Président du Conseil, il a approuvé notre plan.

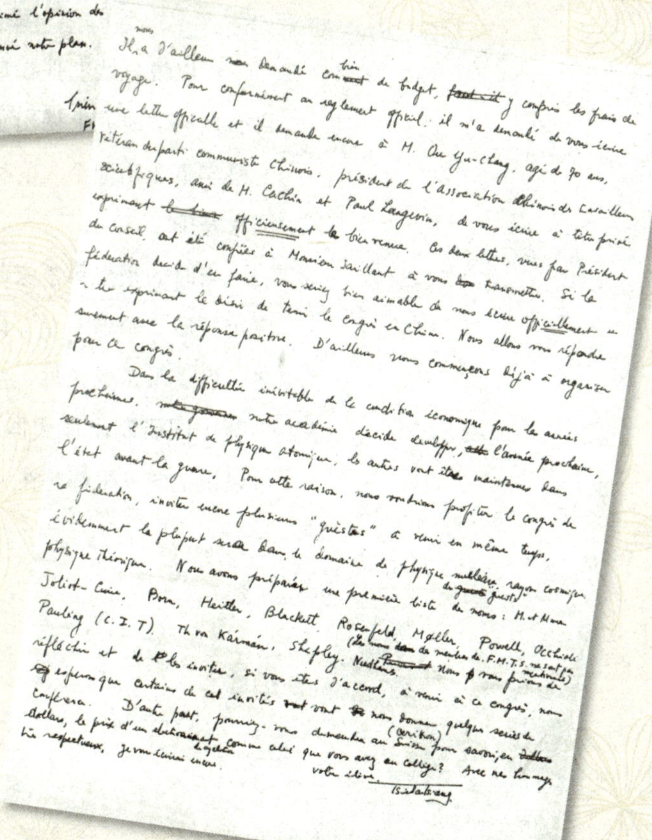

Il nous a d'ailleurs demandé combien de budget, y compris les frais de voyage. Pour conformément au règlement officiel, il m'a demandé de vous écrire une lettre officielle et il demande encore à M. Ou Yu-Chang, âgé de 90 ans, vétéran du parti communiste Chinois, président de l'Association Chinoise des travailleurs scientifiques, ami de M. Cachin et Paul Langevin, de vous écrire à titre privé exprimant officieusement la bienvenue. Ces deux lettres, venues par Président du Conseil, ont été confiées à Monsieur Saillant à vous transmettre. Si la fédération décide d'en faire, vous seriez bien aimable de nous écrire officiellement en exprimant le désir de tenir le congrès en Chine. Nous allons vous répondre sûrement avec la réponse positive. D'ailleurs nous commençons déjà à organiser pour ce congrès.

Dans la difficulté inévitable de la condition économique pour les années prochaines, notre académie décide développer, l'année prochaine, seulement l'Institut de physique atomique, les autres vont être maintenus dans l'état avant la guerre. Pour cette raison, nous voudrions profiter le congrès de la fédération, inviter encore plusieurs "guests" à venir en même temps, évidemment la plupart seront dans le domaine de physique nucléaire, rayons cosmiques physique théorique. Nous avons préparé une première liste des noms des "guests": M. et Mme Joliot-Curie, Born, Heitler, Blackett, Rosenfeld, Møller, Powell, Occhialini, Pauling (C.I.T). Th. von Kármán, Shapley, Needham. (Les noms des membres de F.M.T.S. ne sont pas mentionnés) Nous vous prions de réfléchir et de les inviter, si vous êtes d'accord, à venir à ce congrès, nous espérons que certains de ces invités vont nous donner quelques séries de conférences. D'autre part, pourriez-vous demander en Suisse (Oerlikon) pour savoir, en dollars, le prix d'un électroaimant de cyclotron comme celui que vous avez au Collège? Avec mes hommages très respectueux. Je vous écrirai encore.

votre élève

Tsien San-tsiang

△▷钱三强致约里奥－居里夫妇的法文信

敬爱的老师：

我从布拉格回国以后，所有的进步人士都被吸收到国家各个组织的重建工作中。我的工作主要是从事科学组织和青年方面的工作。有的时候，我感到有一些担心，因为我不知道是否还可以重新回到我的科学研究工作中。但从另一方面说，我知道人民的胜利不是件容易的事情，为了能获得彻底的胜利，每个人都应当做出自己的贡献。全国有很多爱国同胞为此做出了牺牲，如果我能够用我一生的某个时段来参加国家的重建工作，我这也是“为胜利而牺牲”（这是约里奥－居里在巴黎沦陷时向知识界提出的拯救法兰西的口号）。

可以说，钱三强在这一时期从事管理工作，是牺牲了自己在科学研究上做出更多成绩的可能。但他觉得新中国的科学事业比他个人的科研生涯更重要，因此他甘愿服从国家安排。

当时的很多科学家都有这种伟大的牺牲精神。新中国决定开展“两弹一星”研制工作时，大批的科学家隐姓埋名，忍受艰苦的条件，甚至多年和家人切断联系，成功地为新中国研制出核武器。钱三强也是“两弹一星”元勋，可以说他的一生都是在为国家做出伟大的牺牲。

3. 组建细菌战国际调查团

1950年6月25日朝鲜内战爆发，美国悍然介入，武装干涉朝鲜，并派出第七舰队开进台湾海峡，公然阻止中国人民解放军解放台湾；同时不顾中国政府抗议，继续向中国边境进犯。

与此同时，美军开始向朝鲜和中国东北发起丧心病狂的细菌战。美军飞机对我国东北地区进行轰炸，同时投掷大量细菌弹，把携带病菌的老鼠、苍蝇、蜘蛛、土蜂等昆虫撒布到田野、村庄，造成二十多个城市和地区霍乱、鼠疫等疾病流行。

很多具有正义感的国际团体，经过考察后纷纷刊出文章或发表讲话，证实美军使用了细菌武器并公开进行谴责。但美国方面以这些人不是专业人士为借口，一再抵赖。

为了把真相公之于世，**郭沫若**两次紧急致电世界和平理事会，呼吁制止美国发动细菌战，要求组织国际科学调查团进行实地调查。世界和平理事会主席约里奥-居里一向反对滥用科学成果危害人类，于是他把中国和朝鲜的电报及抗议信转发各国和平理事会分会，号召全世界正义的人们声讨细菌战发动者。同时，约里奥-居里顶住政治压力，决定在奥斯陆召开世界和平理事会执行局特别会议，讨论进行国际调查。

◁**郭沫若**（1892.12—1978.6）：中国现代作家、历史学家、考古学家。新中国成立后，参加了大量自然科学方面的工作，曾担任中国科学院首任院长。

钱三强作为中国代表团团长郭沫若的工作助手，出席了这次会议。会场如战场，美国公然否认使用细菌武器，还污蔑中国和朝鲜捏造细菌战；中朝两国代表团用强有力的证据和事实驳斥美方的抵赖，要求由独立的科学家组成国际调查委员会开展调查。

为了阻止国际调查团的成立，美国用尽各种手段，并且对约里奥-居里施加政治压力。在这种情况下，很多国家的委员不愿意发表意见，约里奥-居里决定通过表决决定是否派出国际调查团。郭沫若和钱三强意识到形势严峻，抓紧一切机会竭尽所能地说服委员们支持成立国际调查团。

约里奥－居里没有让正义失望，表决前一天，他特意召开了一次没有交战双方参加的小型会议，对委员们说："理事会支不支持被侵害的中国与朝鲜的要求是关系世界和平理事会存亡的问题。若不能主持正义，还有什么理由让世界和平理事会存在？"约里奥－居里还在表决当天说："大家选我为世界和平理事会主席，我很荣幸。我们受着同一个信念的鼓舞，为消除战争而工作。我们要尽一切办法，使我们的孩子们不再经历新的战争，使科学为其正当目的而不为罪恶目的服务，使世界上劳动者不断努力创造幸福，而不致造成破坏。只要危险没有消除，我们就要坚持做下去。没有任何东西可以阻挡我们。"这情景，钱三强一直铭记在心。

经过约里奥－居里和中朝多方的争取，大多数委员支持成立国际调查团。听到这个结果，钱三强和郭沫若都流出了激动的泪水。

钱三强被任命为组织国际调查团的负责人，他给许多科学家发出邀请。美国威胁各位科学家，一旦参加调查团，就是不受美国欢迎的人，以后不准入境美国。美国驻联合国代表沃伦·奥斯汀还亲自写了一封无礼且带有侮辱性的信给约里奥－居里，指责约里奥在"滥用科学"。约里奥对此以一封公开信进行反驳，指出美国才是真正滥用科学的一方。约里奥发表公开信后，世界各地爱好和平的人们纷纷通过邮件、电报、电话等方式向他表示真诚敬意，其中也有发自中国的。

这次事件后，钱三强感受到情况的变化，他邀请科学家参加国际调查团的工作比以前顺畅多了，科学家们不再把美国的威胁言论放在心上，欣然接受邀请。1952 年 5 月中旬，组团任务接近完成。

调查团由七名独立科学家组成，分别是瑞典女医学家、

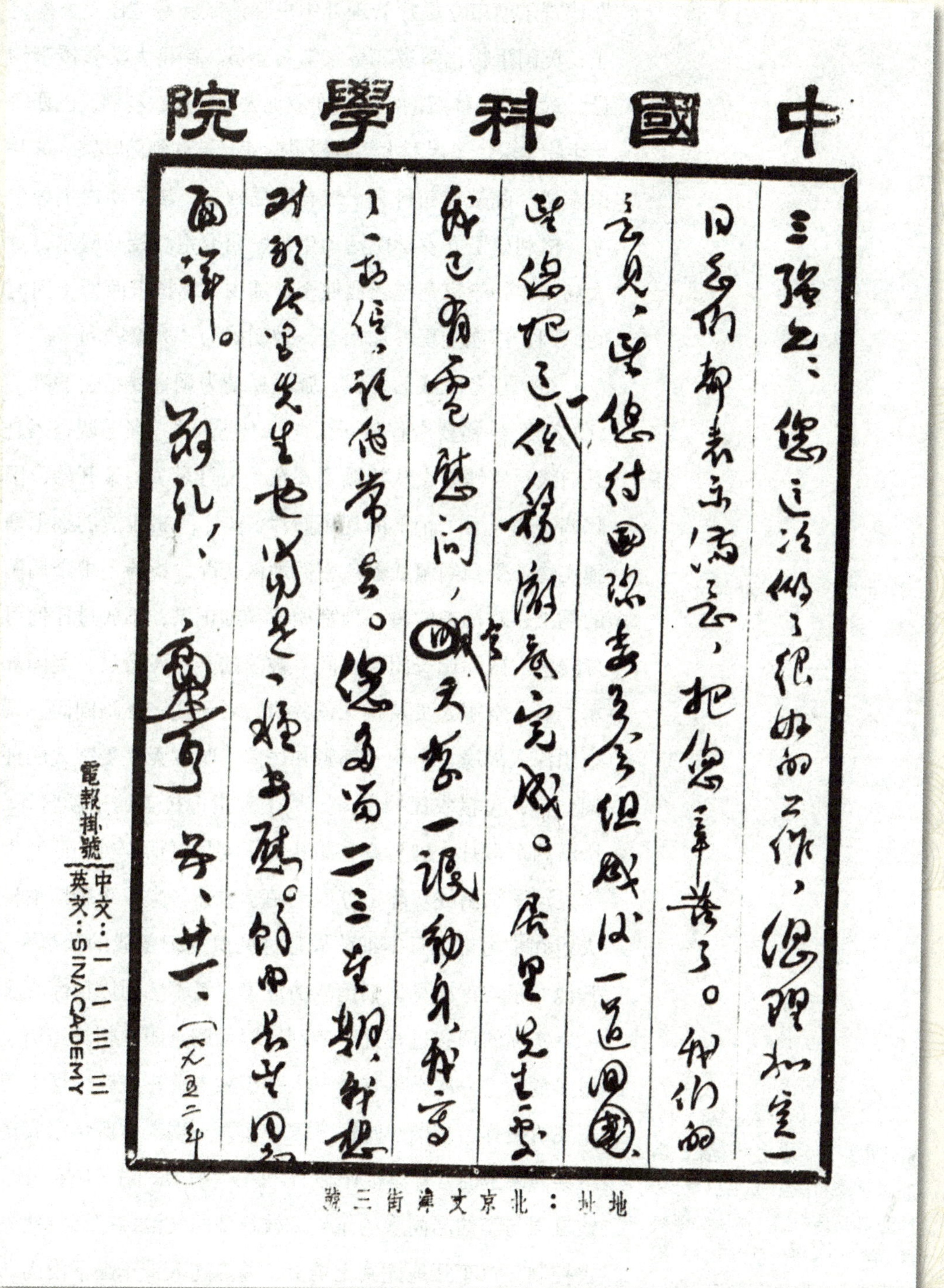

中國科學院

三强兄：您这次做了很好的工作，您理和宣一日本们都表示满意，把您辛苦了。我们的意见，要您付国际委员会组成以一通电，要您把这件事务完成。居里先生要我正有电报问，明天要一谈。和你我商了一封信，说他常去。您多留二三星期，我想对于居里先生也可能是一种安慰。我中表示同面评。

敬礼！

郭沫若 五、廿一（一九五二年）

電報掛號 中文：二二三三 英文：SINACADEMY

地址：北京文津街三號

△郭沫若致钱三强的亲笔信

斯德哥尔摩市立医疗管理处中央临诊试验室主任安德琳博士，英国生物化学家、皇家学会会员、剑桥大学教授李约瑟，意大利人体解剖学家、布罗尼大学教授欧利佛，巴西寄生生物学家、圣保罗大学教授贝索亚，苏联细菌学家、苏联医学科学院教授茹科夫·维勒斯尼柯夫，法国动物生理学家、格利奴国立农学院活动生理学研究室教授马戴尔，意大利微生物学家葛拉求西博士。其中，葛拉求西博士因时间原因，不能全程参加调查，被明确为“列席顾问”。

组团任务完成后，钱三强被邀请为调查委员会的唯一“联络员”，需要全程陪同调查。于是，钱三强随调查团赶赴前线。实地调查从抚顺到安东（现丹东）一带开始，国际调查团查看了拍下的现场照片、美军飞机投放的细菌炸弹实物、受到细菌武器危害的地区实况，检验了携带病菌的昆虫，对调查的每一项都做了详细记录，不放过任何可疑线索。国际调查团还询问了被俘的美军飞行员、美国陆军人员、空军人员及特殊任务执行者。钱三强陪同国际调查团深入战壕、山洞、郊野和医院，听取无辜受害人的证词证言，包括农民、工人、战士和指挥抗美的中朝将军。历时两个多月，国际调查团获得了大量可信资料，证实美军发动了细菌战。除了苏联细菌学家茹科夫·维勒斯尼柯夫曾在伯力审讯日本细菌战犯时见识过细菌战的残酷外，其他专家均首次见识细菌战的危害，无不感到怵目惊心。

实际的调查过程并不顺利，国际调查团在朝鲜经历了很多危险。一次，调查团三人一组乘吉普车赶路，遇上美军飞机轰炸，中国热带医学家**钟惠澜**与瑞典女医学家安德琳共同乘坐的吉普车被炸翻了，两人当场晕倒；还有一次，钱三强与李约瑟同乘的车被一枚炸弹的气浪掀起，突然失去控制，汽车猛地撞到土堆上，差点连人带车翻下山沟。

这些危险阻挡不了国际调查团对真相的调查。1952 年

▷ **钟惠澜**（1901.8—1987.2）：祖籍广东，中国内科学家、热带病学家和医学寄生虫学家，1955 年当选中国科学院学部委员（院士）。毕生致力于内科疾病特别是热带病的研究，为中国培养了大批医务技术骨干。

8 月 10 日，国际调查团完成调查，从朝鲜前线回到北京。英国科学家李约瑟承担了撰写调查报告的任务，钱三强成为他的“参谋”，陪同李约瑟讨论报告的写法，并对材料取舍、背景分析等提供意见。经过全体委员反复讨论，最后调查报告连同附件共 45 万字，按世界和平理事会规定，调查报告被译成法、英、俄、汉、朝、德、日、意八种文本，法文本为正本。其中结论部分写道：

> 为调查细菌战的有关事实而组织的国际调查团委员会，在现场进行了两个多月的工作之后，现在结束工作。有大批事实摆在委员们面前，其中有一些事实首尾连贯，富有高度说明性，足以例证。所以，委员会特别集中力量来研究这些事实。
>
> 委员会已得出下面结论：朝鲜及中国东北的人民确已成为细菌武器的攻击目标；美国军队以多种方法使用了这些细菌武器，其中一些方法像是把日军在第二次世界大战期间进行细菌战所使用的方法加以发展而成的。
>
> 委员会是经过严密的调查而得到这些结论的。这种遭各国人民一致谴责的灭绝人性的手段竟见诸使用，此为本委员会的委员们过去所不易置信，现在本委员会迫于事实，必须下这些结论。

1952 年年底，钱三强与宋庆龄（团长）、郭沫若（副团长）率领中国代表团出席在维也纳举行的第三次世界和平大会。其中的一项议程是由巴西生物学家贝索亚代表国际科学委员会陈述调查报告，以事实说明朝鲜和中国东北人民受到了美国细菌武器攻击，再次在世界上伸张了正义。

这次难忘的经历也让钱三强和李约瑟结下深厚友谊。在后来的几十年中，李约瑟每到中国访问，钱三强和他总要相约举行一次朋友式的聚会。

应用光学家——王大珩

王大珩（1915 年 2 月—2011 年 7 月），原籍江苏苏州，1915 年生于日本东京。我国著名的光学家和战略科学家，中国科学院院士，“两弹一星”功勋奖章获得者。1937 年毕业于清华大学物理系。1940 年获伦敦大学帝国理工学院物理系理学硕士。1948 年回国后，先后在北平研究院物理研究所、上海耀华玻璃公司工作。新中国成立后，参加并负责组建中国科学院仪器馆及后来的长春光机所，并担任长春光机所所长，领导长春光机所取得了举世瞩目的成就。1983 年调入中国科学院技术科学部工作，与多名科学家一起向国家建议实施“863”计划，倡议成立中国工程院，在“大飞机”等许多国家重大项目上建言献策，在国家科技咨询中发挥了重大作用。

制成中国第一台激光器，第一台大型光测装备和许多国防光学仪器，主持制定了全国第一个遥感科学规划，领导了综合性的航空遥感试验。

1. 一心为国做贡献

▷**谢菲尔德大学**是英国老牌名校，历史可追溯到1828年。谢菲尔德大学是英国极具影响力的研究型大学之一，也是世界著名的教学科研中心，曾培养出了多位诺贝尔奖得主，在教学与科研方面有着崇高声誉。

王大珩一直希望，能够用毕生所学为中国的科学事业做贡献，尤其是为国防事业做贡献。他早在英国留学期间就曾经放弃攻读博士学位，到一家公司研究开发光学玻璃。那是1942年春的一天，王大珩正在**谢菲尔德大学**做关于玻璃光学性质的博士研究课题。一个同学告诉他伯明翰的一家玻璃公司的实验部急需一位实验物理师，专职从事新型光学玻璃的开发研究，想问问王大珩愿不愿意去。这个偶然的机会决定了王大珩一生的事业。王大珩觉得能学到制造光学玻璃的技术，机遇难得，而祖国正需要这种技术。他决定放弃博士学业，到这家公司任职。这无论是在当时还是在现在，对一个博士生来说都是一个艰难的决定，放弃博士学位做技术产品开发，未来有很多不确定性。但王大珩丝毫未加犹豫。

导师听到他的决定后感觉很意外，对这名聪慧、有创新思维的中国学生表示很惋惜，但是仍尊重了学生的意愿。自此，王大珩做了长达5年的实验物理师。虽然不能进入生产车间，但实验室既是产品质量的控制中心，又是新技术、新产品开发的源地，所以他对生产的组织形式以及生产光学玻璃的关键问题能有足够的了解。

对于王大珩的这个决定，他的清华同学和朋友钱三强曾经给予极高评价："大珩不是不知道没有博士学位对个人的不利影响，但他为了国家将来的需要，做了与众不同的选择，在那个时候真是难得。"

王大珩回国后，由于没有博士学位，一度各处奔波寻找工作单位，但从未流露出一丝悔意，他留下的只有这样简短、朴实的一段文字："为了能学到制造光学玻璃的真实本领，我毅然放弃攻读博士学位的机会，抓住第二次世界大战的时机，经汉德先生推荐，离开学校到昌司玻璃公司工作。"

后来，他来到解放区的大连，参加了大连大学的创校工作。当校领导在创校典礼致辞中讲到"现在东北全部解放了，我们要集中全力搞建设，不久的将来，全中国也是这样。大连大学就是为新中国建设而办的"时，王大珩心潮澎湃，他预感到未来中国的建设将是一幅宏伟蓝图，自己掌握的科学技术可以回报祖国了！

王大珩到大连大学本是要担任物理系教授和负责人。听了领导的讲话之后，了解到大连大学的办学目的是为建设新中国服务，他认为仅用"物理"作为系名是不够的，除了教授理论外，还应令学生明白科学的应用，应综合考虑科学、实践和教学的方式。他认为："物理是一切工业技术发展的基石，物理前加'应用'二字，即'应用物理系'，对新中国的工业建设更有现实意义。"

王大珩在大连大学工作一年多后，由于中国科学院准备建设仪器馆，相关负责人想到了他。王大珩早就期盼着这一天，他希望能把在英国学到的研制光学玻璃的技术运用于自己的国家，他憧憬着中国能生产出质量足够优良的各种类型精密仪器供科学家实验和工业部门应用。因此，他毫不犹豫地接受了这个任务。

中国科学院原本打算把仪器馆设立在北京，因为北京是全国经济、文化、教育的中心，交通便利。对仪器馆的设想是既要承担科研任务，还要兼具生产功能，但因经费有限，在北京修建厂房、购买设备举步维艰。为了快速建成仪器馆并尽快展开研究、制造工作，中国科学院希望找一个有一定硬件条件的地方作为基础进行扩建，以实现快速使用。

王大珩认为长春的交通位置和设施条件都能满足要求，又有一些工业基础，如厂房和研究人员等，适合仪器馆的建设，并多次前往长春考察。在他的组织和领导筹划下，1952 年，仪器馆建成了光学物理、机械、光学玻璃三个实验室。1952 年冬天，仪器馆在上海接收了华光、中光等几个工厂，成立了仪器馆上海实验工厂，着重进行光学仪器的试制和生产。1953 年年末，仪器馆成立长春实验工厂。

王大珩满怀热情地投入仪器馆的建设中，在短短几年时间内，仪器馆发展成为一个部门齐全、设施完备的研究机构。这个仪器馆也被简称为**长春光机所**，在业内大名鼎鼎。

▷**长春光机所**始建于 1952 年，全称是“中国科学院长春光学精密机械与物理研究所”，简称“长春光机所”，是新中国在光学领域建立的第一个研究所，主要从事发光学、应用光学、光学工程、精密机械与仪器的研发生产。在几十年的发展过程中，曾经历了很多次整合，组建、援建了10余家科研机构、大专院校和企业单位，先后参加了“两弹一星”“载人航天工程”等多项国家重大工程项目。可以说，长春光机所是中国光学领域最闪亮的一颗明星。

王大珩认为是时候为国防建设出力了。民用仪器，花钱可以从国外进口；但是先进的军事装备则是各国的重要保密技术，只能独立研发。王大珩在 1963 年写给国务院副总理聂荣臻的信中表示：

据我了解，新中国成立前，我国能从事光学方面的科学技术的专业人员仅有数百人。新中国成立后，虽然国内有关高等院校（例如：浙江大学、北京工业学院、哈尔滨工业大学等）设有光学方面的专业，培养了相当数量的专门人才，充实了我国的光学队伍，但目前近代科学技术尤其是国防尖端科学技术的飞跃发展，目前的光学队伍远远不能满足需要，而且需要光学方面人才的程度一天比一天更加迫切。国外对光学人才的培养早已给予了极大的重视……重视并加强我国光学方面人才的培养，确为一项当务之急。

王大珩建议长春光机所应该不只归中国科学院领导，也要归国防科工委领导，这样才能充分地为中国的国防事业做贡献。

这个建议很快得到了肯定，长春光机所开始接受**国防科工委**的领导，搞“国防光学”。在这个领域，王大珩领导光机所拿出了承担核爆炸光学测量任务的**高速摄像机**，跟踪导弹、火箭、卫星等目标的大型光学观测系统，装在人造卫星上的**空间侦察相机**，以及用于空间环境模拟试验的**太阳模拟器**等成果。

1964 年，面对美国和苏联两个超级大国，新中国面临着严峻的外部环境。毛主席提出搞“三线建设”，把重要的国防工业转移到内陆省份，防止敌人突然袭击。当时的三线建设主要包括四川、贵州、云南、陕西、甘肃、宁夏、青海等省区及山西、河北、河南、湖南、湖北、广西壮族自治区等西北、西南的一部分地区。三线建设选址采取了三个原则，即靠山、分散、隐蔽。

王大珩亲自率队考察三线建设地点，先到陕西省留坝地区，发现这里取水困难，无法满足生活和科研需求；又到四川成都的大邑县雾山乡，这里有一个废弃的研究卫星的科研机构，由于气候不利于观察卫星被荒弃了，但厂房和工地还可继续使用。于是，王大珩决定在这里建立研究机构，这就是今天的中国科学院光电技术研究所。

从零开始建设新的研究机构，王大珩从长春光机所调

◁**国防科工委**全称中华人民共和国国防科学技术工业委员会，1982 年设立，2008 年撤销。负责管理国防科技工业的中华人民共和国国务院原组成部门。其前身为中国人民解放军国防科学技术委员会、国务院国防工业办公室、中央军委科学技术装备委员会。

◁**高速摄像机：**普通的摄像设备每秒在几十帧到一百帧，而高速摄像机可以达到每秒成千上万帧，甚至是几十万、上百万帧。性能最强大的高速摄像机已经可以做到每秒几十亿帧。高速摄像机可以把肉眼看不清楚的极高速的运动过程清晰地记录下来。高速摄像机在科学上有很多应用，比如对流体力学的研究，一个水滴滴落的过程、一枚石子落水的过程，经过高速摄像机的记录，就可以让研究人员获得很多信息。

◁**空间侦察相机**可以装在侦察卫星上，是侦察卫星的千里眼。利用空间侦察相机，侦察卫星可以观测地球上的目标。目前比较先进的侦察卫星，其精度可以达到厘米级。光学相机用在侦察卫星上会受到天气影响，假如满天乌云光学侦察设备就看不清地面目标了。为了解决这个难题，科学家研制了用雷达波成像的侦察相机，雷达波可以穿透厚厚的云层，弥补光学设备的不足。

◁**太阳模拟器**是在地面对航天器做热真空环境试验的一种设备。宇宙中是真空环境，温度极低，而航天器被太阳光照射会发热。为了研究航天器在这种条件下的运行情况，就要在地面模拟这种环境，即首先在地面制造一个相当于太空的冷背景；其次是模拟太阳辐射以及地面光热的照射，要求在容器中能形成单向照射的模拟太阳照射。这种模拟太阳辐射即地面光热的仪器，就是太阳模拟器。

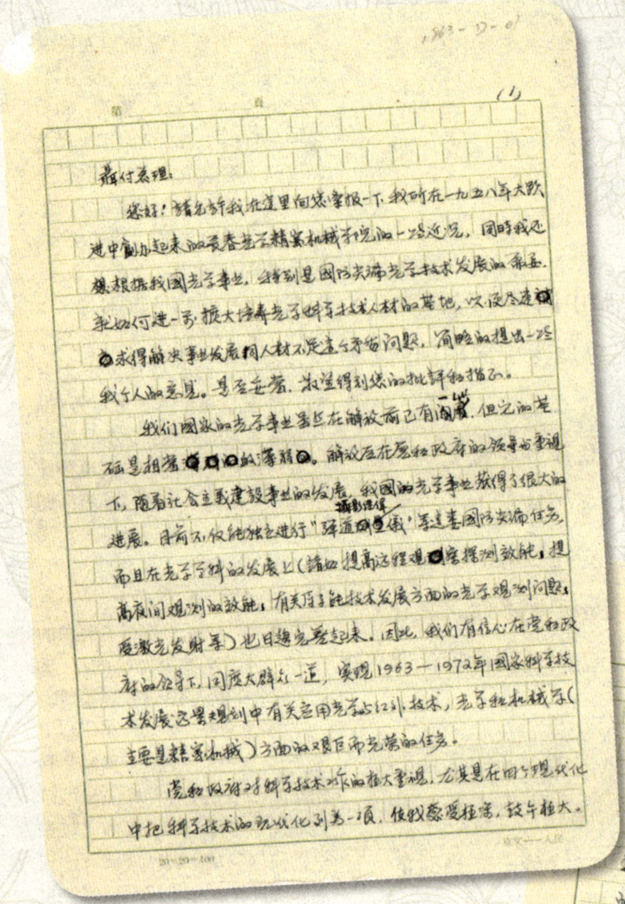

1963-5-5

第　页　(1)

聂付总理：

您好！请允许我在这里向您汇报一下我所在一九五八年大跃进中创办起来的长春光学精密机械学院的一些近况，同时我还想根据我国光学事业，特别是国防尖端光学技术发展的需要，就如何进一步扩大培养光学科学技术人材的基地，以便今后逐步求得解决事业发展同人材不适应这个矛盾问题，简略的提出一些我个人的意见。是否妥当，敬望得到您的批评和指正。

我们国家的光学事业虽然在解放前已有一些，但它的基础是相当薄弱的。解放后在党和政府的领导和重视下，随着社会主义建设事业的发展，我国的光学事业获得了很大的进展。目前不仅能独立进行"摄影经纬仪"等这类国防尖端任务，而且在光学学科的发展上（诸如提高天文望远镜探测能力，提高夜间观测的能力，有关原子能技术发展方面的光学观测问题，受激光发射等）也日趋完善起来。因此，我们有信心在党和政府的领导下，同广大群众一道，实现1963—1972年国家科学技术发展远景规划中有关应用光学与红外技术，光学和机械学（主要是精密机械）方面的艰巨而光荣的任务。

党和政府对科学技术工作的极大重视，尤其是在四个现代化中把科学技术的现代化列为一项，使我感受极深，鼓舞极大。

20×20=400

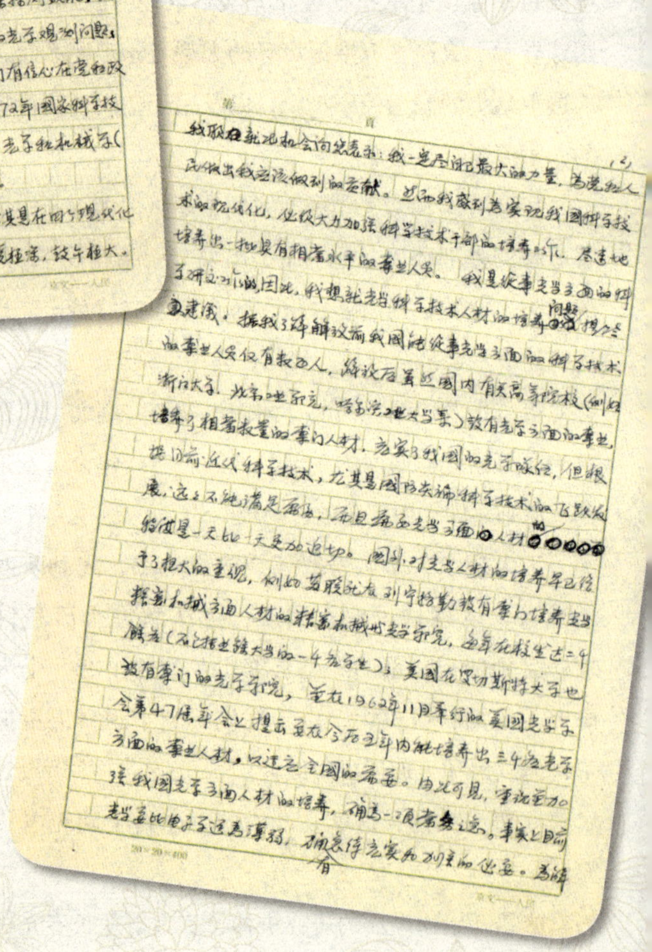

第　页　(2)

我愿借此机会向您表示：我一定尽自己最大的力量，为党和人民做出我应该做到的贡献。并而我感到为实现我国科学技术的现代化，必须大力加强科学技术干部的培养工作，尽速地培养出一批具有相当水平的专业人员。我是从事光学方面的科学研究工作的，因此，我想就光学科学技术人材的培养问题提一点建议。据我了解解放前我国能从事光学方面的科学技术的专业人员仅有数百人，解放后虽然国内有关高等院校（例如浙江大学、北京工业学院、哈尔滨工业大学等）设有光学方面的专业，培养了相当数量的专门人材，充实了我国的光学队伍，但根据目前近代科学技术，尤其是国防尖端科学技术的飞跃发展，远远不能满足需要，而且这方面光学方面的人材的需要是一天比一天更加迫切。国外对光学人材的培养早已给予了极大的重视，例如苏联就在列宁格勒设有专门培养光学精密机械方面人材的精密机械与光学学院，每年在校生达二千四百名（不包括进修大学的一年级学生）；美国在罗切斯特大学也设有专门的光学学院，并在1962年11月举行的美国光学学会第47届年会上提出要在今后五年内能培养出三千名光学方面的专业人材，以适应全国的需要。由此可见，重视并加强我国光学方面人材的培养，确是一项当务之急。事实上目前光学专业比电子学还为薄弱，确有待充实和加强的必要。为此

20×20=400

△▷ 1963年5月5日王大珩写给聂荣臻的信

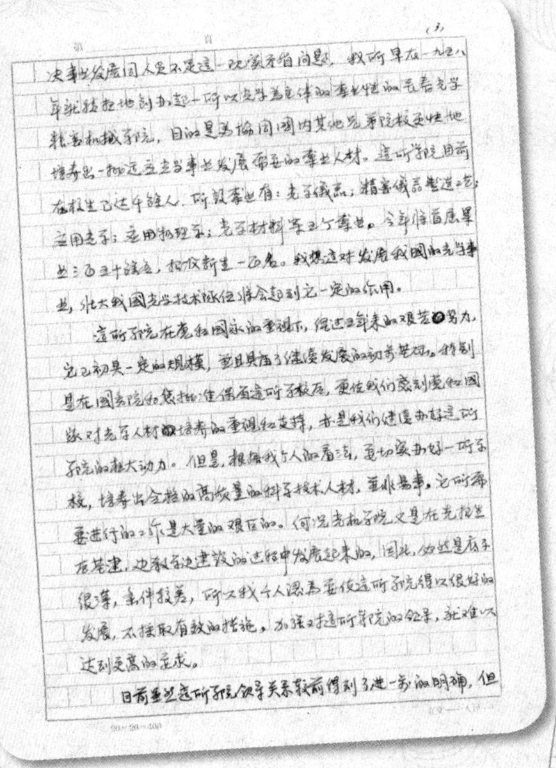

（3）

决事业发展同人员不足这一政策矛盾问题。我所早在一九五八年就积极地创办起一所以光学为主体的专业性的培养光学精密机械学院，目的是为协同国内其他光学院校更快地培养出一批适应光学事业发展需要的专业人材。这所学院目前在校生已达千余人，所设专业有：光学仪器；精密仪器制造工艺；应用光学；应用物理学；光学材料等五个专业。今年将首届毕业三百五十余名，招收新生一百名。我想这对发展我国的光学事业，壮大我国光学技术队伍将会起到它一定的作用。

这所学院在党和国家的重视下，经过五年来的艰苦努力，它已初具一定的规模，并且具有了继续发展的初步基础。特别是在国务院和聂总批准保留这所学校后，更使我们感到党和国家对光学人材培养的重视和支持，亦是我们继续办好这所学院的极大动力。但是，根据我个人的看法，要切实办好一所学校，培养出合格的高质量的科学技术人材，并非易事。它所需要进行的工作是大量的艰巨的。何况光机学院又是在光机所基建，边教学边建设的过程中发展起来的，因此，必然是底子很薄，条件较差，所以我个人认为要使这所学院得以很好的发展，不采取有效的措施，加强对这所学院的领导，就难以达到更高的要求。

目前虽然这所学院领导关系较前得到了进一步的明确，但

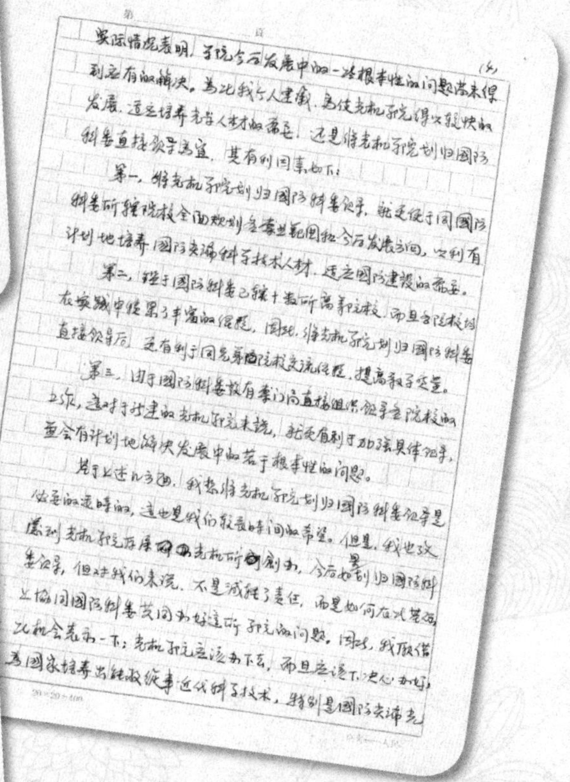

（4）

实际情况表明，学院今后发展中的一些根本性的问题尚未得到应有的解决。为此我个人建议，为使光机学院得以较快的发展，适应培养光学人材的需要，还是将光机学院划归国防科委直接领导为宜。其有利因素如下：

第一，将光机学院划归国防科委领导，就更便于同国防科委所辖院校全面规划各专业范围和今后发展方向，以利有计划地培养国防尖端科学技术人材，适应国防建设的需要。

第二，鉴于国防科委已辖十数所高等院校，而且各院校均在实践中积累了丰富的经验，因此，将光机学院划归国防科委直接领导后，更有利于同兄弟院校交流经验，提高教学质量。

第三，由于国防科委设有专门为直接组织领导各院校的工作，这对于新建的光机学院来说，就更有利于加强具体领导，并会有计划地解决发展中的若干根本性的问题。

基于上述几方面，我想将光机学院划归国防科委领导是必要的适时的，这也是我们较长时间的希望。但是，我也考虑到光机学院原来由光机所创办，今后如果划归国防科委领导，但对我们来说，不是减轻了责任，而是如何在此基础上协同国防科委共同办好这所学院的问题。因此，我愿借此机会表示一下：光机学院应该办下去，而且应该下决心办好，为国家培养出能掌握近代科学技术，特别是国防尖端光

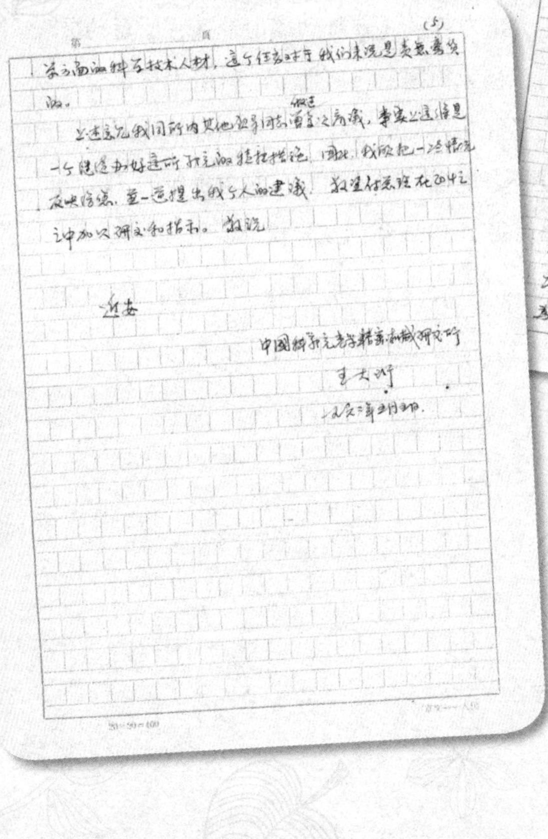

（5）

学方面的科学技术人材，这个任务对于我们来说是光荣艰巨的。

上述意见我同所内其他领导同志曾交换过意见，事实上这将是一个继续办好这所学院的积极措施。因此，我愿把一些情况反映给您，并一道提出我个人的建议。敬望您在百忙之中加以研究和指示。敬祝

近安

中国科学院光学精密机械研究所

王大珩

一九六三年五月五日

△ 1963 年 5 月 5 日王大珩写给聂荣臻的信（续）

来许多人，导致长春光机所的工作受到了影响。他曾经给国防科委的钱学森和贾再山写信，反映建设中的困难：

> 我们所现在承担的国防光学任务很重。最近“尖兵”照相机方面的任务又将移给我所承担。现在大邑三线即将建成，还得由我所支援相当大的技术力量，但三线要发挥效果，也还要一定时间。这几年来，我们感到工作压力很大，处于被动应付状态，影响研制的质量，对于长远的科研工作更很难顾及。特别着急的是科技力量在最近若干年来后继缺人，会造成光学技术扯国防尖端后腿的局面。

即使存在这么多困难，王大珩还是经常亲赴四川领导这里的科研工作。当时最大的任务是研制光电跟踪测量设备，为此，王大珩专程从北京赶到雾山地区，反复动员三线新建研究所积极承担国家科研任务。科研人员都全力以赴，研制成功了好几款**光电经纬仪**，其中包括我国第一台具有激光、红外、电视三种自动跟踪测量手段的 778 光电经纬仪，后来获得了 1985 年国家科技进步奖特等奖。

▷ **光电经纬仪：**经纬仪的发明最初是为了航海事业和战争。航海需要绘制各种海图，战争需要精确的地图。1730 年前后，一个英国人想通过测量水平角和竖直角来确定精确方位，从而发明了一种测量仪器，即经纬仪。经过多年的发展，光电经纬仪把光学经纬仪电子化和智能化，测量精度大幅提高。

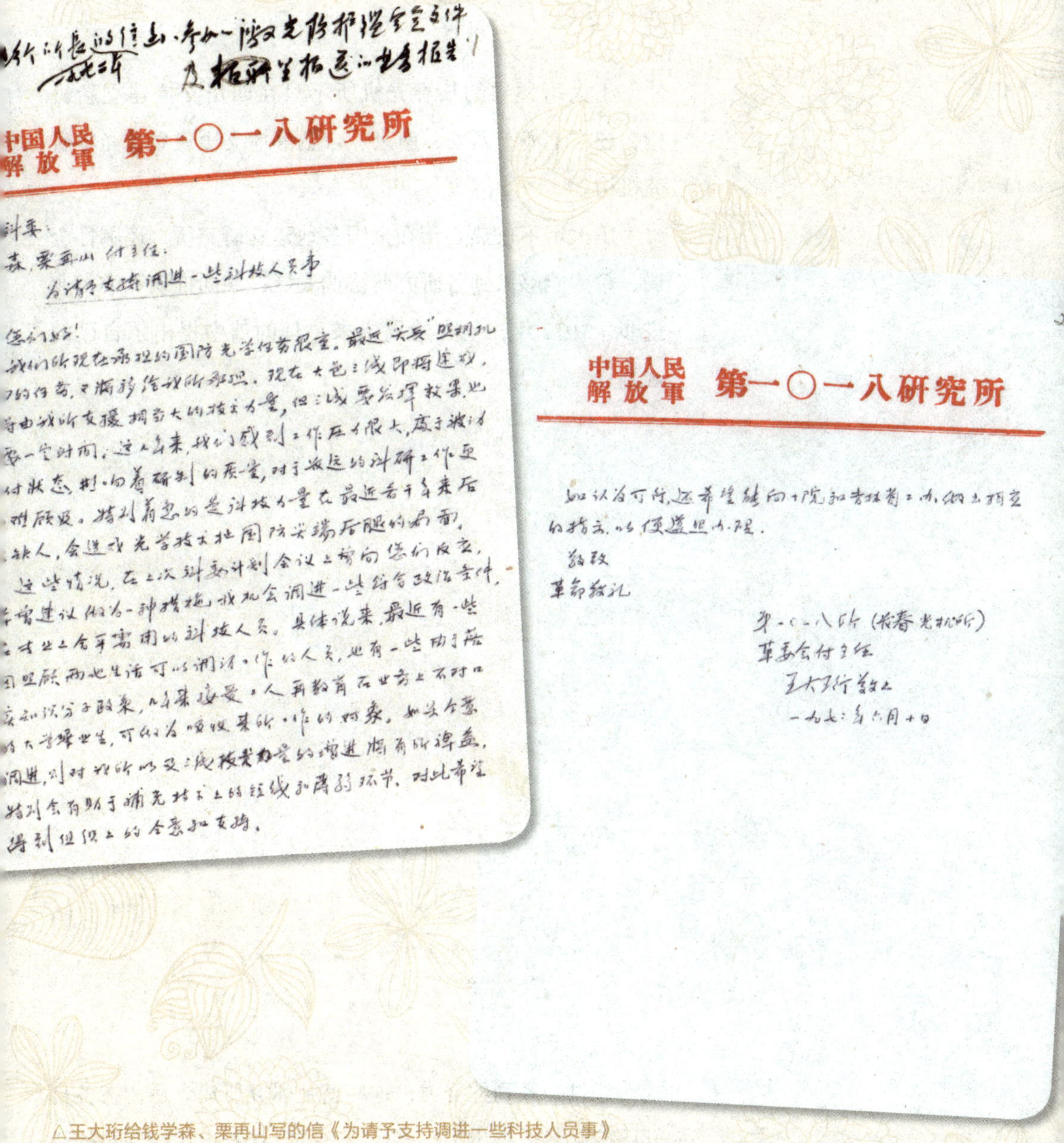

中国人民解放軍 第一〇一八研究所

科委：

森、栗再山付主任：

为请予支持调进一些科技人员事

您们好！

我们所现在承担的国防光学任务很重。最近"尖兵"照相机的任务，又将移给我所承担。现在大批三线即将建设，需由我所支援相当大的技术力量，但三线要发挥效果也要一定时间，这几年来，我们感到工作压力很大，处于被动应付状态，影响着研制的质量，对于我所的科研工作更难顾及。特别着急的是科技力量在最近若干年来后继缺人，会造成光学技术拖国防尖端后腿的局面。

这些情况，在上次科委计划会议上曾向您们反应，并曾建议作为一种措施，我们希望调进一些符合政治条件，在专业上合乎需用的科技人员。具体说来，最近有一些因照顾两地生活可以调动工作的人员，也有一些由于落实知识分子政策，尚未按要求人再教育在业务上不对口的大学毕业生，可作为吸收来所工作的对象。如其合意调进，则对我所以及三线技术力量的增进将有所裨益，特别会有助于补充技术上的缺线和薄弱环节。对此希望得到组织上的全意和支持。

中国人民解放軍 第一〇一八研究所

如认为可行，还希望能向十院和吉林省工办作出相应的指示，以便遵照办理。

敬致

革命敬礼

第一〇一八所（长春光机所）

革委会付主任

王大珩敬上

一九七二年六月十日

△王大珩给钱学森、栗再山写的信《为请予支持调进一些科技人员事》

2. 光学研究机构多点开花

王大珩领导的长春光机所不只在四川支援建立新机构，还在上海、西安、南京、合肥等地支援建立了光学研究机构。

王大珩不仅热心于在全国各地建立研究所，还胸怀全局，希望能够做到各研究所协调发展，共同推动光学事业进步。1972 年，他在给周恩来总理的信中提出了自己的规划：

> （1）长春光机所（1018 所）作为这个系统的综合研究所。
>
> （2）大邑光机所（三线）逐步建成为从事光学跟踪仪器的专业所。
>
> （3）西安光机所按照过去传统，以面对二机部及 21 基地所需光学装备为主攻方向。
>
> （4）安徽光机所从事大能量气体激光的研究及大功率固体激光的热冲击试验；从事大气光学等基础科研以及上述激光试验有关的工程技术项目。
>
> （5）上海光机所按现在开展的激光科研项目继续作为研究所的方向，可与上海市同共领导。
>
> ……

经过一系列的努力，这些新建研究所成立后，在各自开辟的战场上做出了很多成绩，并且培养出一批优秀的科研队伍，完成了王大珩加强我国光学研究人才培养的愿望。而且，通过自主研制设备，在经济上也为国家节约了宝贵

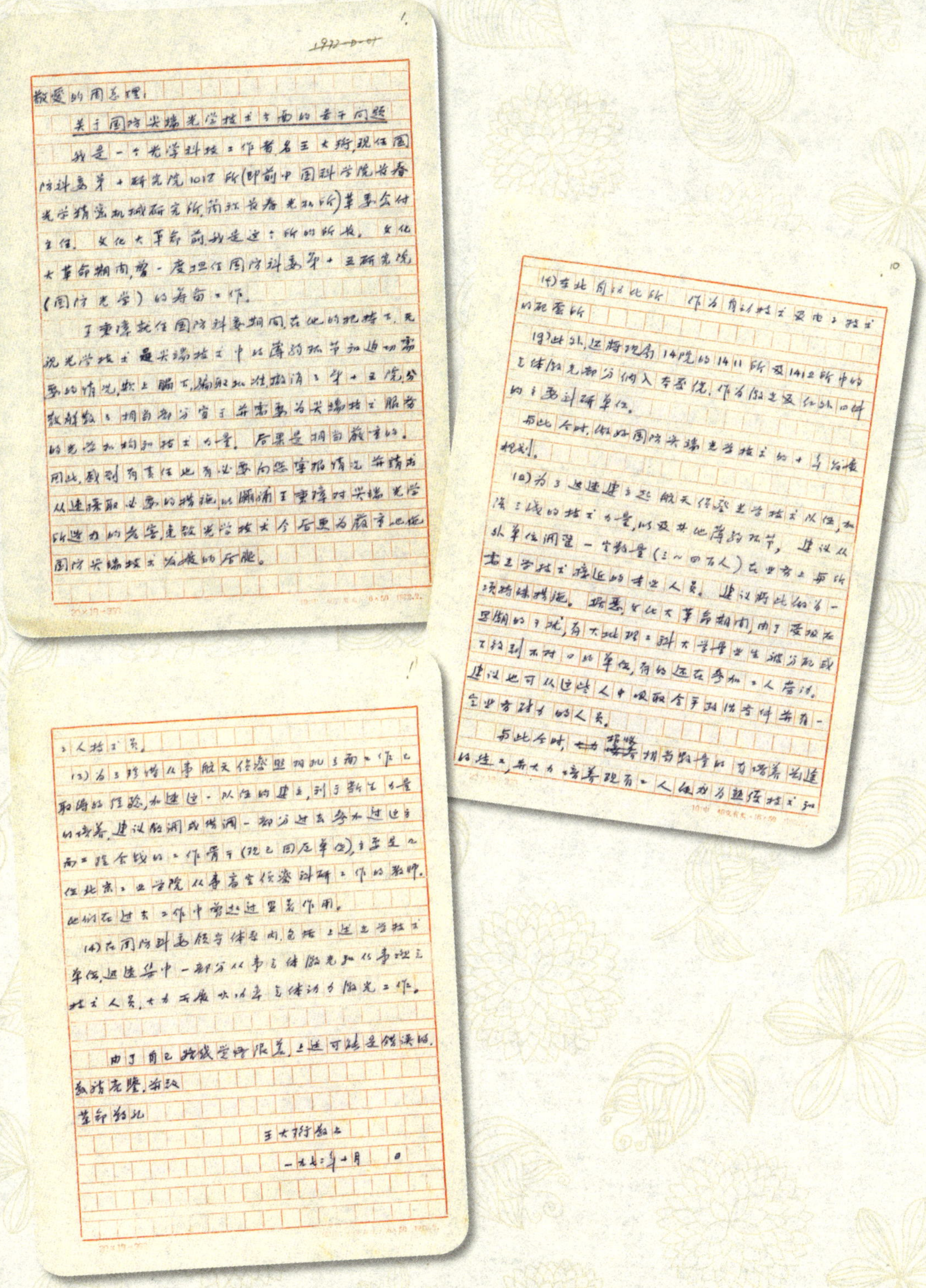

1.

1972-10-04

敬爱的周总理：

关于国防尖端光学技术方面的若干问题

我是一个光学科技工作者，名王大珩，现任国防科委第十研究院1017所（即前中国科学院长春光学精密机械研究所，简称长春光机所）革委会付主任。文化大革命前我是这个所的所长。文化大革命期间，曾一度担任国防科委第十五研究院（国防光学）的筹备工作。

王秉璋就任国防科委期间，在他的把持下，无视光学技术是尖端技术中的薄弱环节和迫切需要的情况，欺上瞒下，偏听偏信，撤消了第十五院，分散削弱了相当部分宜于并需要为尖端技术服务的光学机构和技术力量。后果是相当严重的。因此，感到有责任也有必要向您简报情况，并请求从速采取必要的措施，以肃清王秉璋对尖端光学所造成的危害，充分发挥光学技术今后更为有效地在国防尖端技术发展的后能。

10

(8)东北[illegible]所　作为有关技术[illegible]技术的配套所

(9)此外，还将现属14院的1411所及1412所中的主体激光部分纳入本系统，作为激光及红外器件的主要科研单位。

与此同时，做好国防尖端光学技术的十年发展规划。

(10)为了迅速建立起航天侦察光学技术队伍，加强三线的技术力量，以及其他薄弱环节，建议从外单位调配一定数量（三～四百人）在专业方面与所需技术接近的专业人员。建议将此作为一项特殊措施。据悉文化大革命期间，由于受极左思潮的干扰，有大批理工科大学毕业生被分配或下放到不对口的单位，有的还在参加工人劳动。建议也可从这些人中吸取合乎政治条件并有一定专业学科基础的人员。

与此同时，~~[illegible]~~ 相当数量的有经验的老技工，并大力培养现有工人使成为熟练技术和工人技术员。

(13)为了加强从事航天侦察照相机方面工作已取得的经验，加速这一队伍的建立，利于新生力量的培养，建议能调或借调一部分过去参加过这方面工作而现在不在第一线的工作骨干（现已回原单位），尤其是在北京工业学院从事高空侦察科研工作的教师。他们在过去工作中曾起过显著作用。

(14)在国防科委领导体系内，包括上述光学技术单位，迅速集中一部分从事主体激光和从事[illegible]技术人员，大力开展[illegible]激光工作。

由于自己政治觉悟很差，上述可能是错误的，敬请审阅，并致

革命敬礼

王大珩敬上

一九七二年十月　日

△ 1972 年 10 月，王大珩给周总理《关于国防尖端光学技术方面的若干问题》的信

2

(一)我国光学工业和科学技术的基础还很差。

我国的光学工业是在建国后才发展起来的。到现在已有一定的规模(估计是一支大约五万人的队伍,作为对照,旧中国的光学行业不到一千人)和一定的技术水平。开始几年,由于管理分散在很多部门,缺少统一规划和安排,加之受到修正主义的影响,这个行业进展不够快。1964年聂副总理批准这方面的工作组成了全国统一的光学规划小组,对于推动光学工业的发展起了积极作用。但是文化大革命期间又受到极左思潮的干扰,使发展又受到一定的阻碍。现在这一行业的技术水平和国际差距很大,和整个社会主义革命和建设的形势很难适应。

1967年伟大领袖毛主席针对常规武器装备中的薄弱环节所指示的"要狠抓一下雷达、光学仪器、指挥仪。要减轻重量,提高质量,增加数量"的重要指示。但是在材料的品种和加工工艺上,例如,航空侦察照相的技术装备的研究一直被忽视,现在装备

3

部队的产品,基本上还是苏修援助当时的水平。战后才发展起来的夜视技术装备,在红外夜视仪上,美帝早已用于越南战场,而我国自63年就开始搞以来,由于技术不稳定,过不了关,直到现在还处于试制阶段,落后于国外约十五年。民用光学仪器中的精密产品,品种尚不成系列,有不少关键工艺没有抓好,在质量和生产效率等方面与国外都有很大差距。例如我国近几年来才进行试生产的高精度光学经纬仪还赶不上国外现有水平。电影和电视技术中所用的光学镜头,近两年来抓了一下,在设计上有了大步伐的提高,但在工艺上还须狠下功夫,才能实现高质量。由于彩色照相和彩色电视的落后状态,在不少重大政治场合(例如尼克松和田中访华)在对外宣传上特别显得我国在技术上相形见绌,造成一定的政治影响。我国用于民用光学仪器的进口数量,估算占仪表进口全额的百分之八十,说明光学仪器是我国仪表工业中最落后的一行。

4

至于为发展两弹和航天技术需要的相关的光学装备,在国际上也还是光学新发展的集中点。以靶场用光学跟踪经纬仪为例,国际上也是战后才发展起来的。国内长春光机所已从事这项装备技术的研制十一年,而现在距国外水平还有八至十年的差距。在数量上则更满足不了需要。在1966年就已提出的一种通用跟踪经纬仪,当时提出需要54台,而这个数量要到1976年才能全部提供完(每年最多生产9台)。现在发展航天侦察技术已成为战略上燃眉之急。美帝自1963年发展侦察卫星以来,至1971年已发射232个,平均约每两星期发射一个,敌人对我进行不遗余力地侦察,而我则尚无一个侦察卫星上天。有关光学侦察相机的工作,虽从1967年大体组织研制以来,到现在第一架相机的工作还未全部完成,而侦察相机研制计划仅能达到美帝最初的水平。从事这方面工作的科技人员,六年来虽然也有增加,但为数甚少,至今总共不到三十人(其中具有大学水平

5

的技术人员不到十余人)。从需要和发展来看,则对于光学侦察装备的研制,目前就需要建立一支至少在八百人的科技研制队伍。

激光是六十年代才出现的新技术,国际上发展迅速,目前已成为一个范围极为广阔的新的技术领域。我国开展这方面的工作也较早,比国际上最初出现仅差二年光景。关于激光作为光学武器的探索,我国在文化大革命前也与国际进展不相上下。文化大革命中,由于受到刘少奇一类骗子的严重干扰,现在这方面的工作已大为落后。特别是当前认为最有希望的新的技术途径:利用气体动力学原理的大功率二氧化碳连续激光,国外已达到廿万瓦,而我国同类的试验工作去年才开始着手,现在仅是才出现激光,大约只有数十瓦的功率。

(二)当前国防尖端光学的情况和存在的问题

1967年,国防科委进行体制调整时,为了加强国防光学的科研工作,建立第十五研究院。在组

△ 1972年10月,王大珩给周总理《关于国防尖端光学技术方面的若干问题》的信(续)

△ 1972 年 10 月，王大珩给周总理《关于国防尖端光学技术方面的若干问题》的信（续）

的外汇。王大珩曾经算过一笔账：这几个研究所研制出来的大大小小的光学设备有数百台，大型电子经纬仪、高速摄影机以及其他的光测设备，如果当时从发达国家购买，花费在2亿美元以上。在几十年前，这2亿美元相当于国家对这几个研究所建所以来投资的总和。

王大珩的这一系列贡献，使中国光学事业从无到有、从弱到强，长春光机所也被人们称为“会下金蛋的母鸡”，而中国最重要的几个光学研究机构全是这只“母鸡”下的“金蛋”！

3. 心系大飞机

即使到了晚年，王大珩也始终“未敢忘忧国”，心中惦记着中国人自己生产的**大飞机**什么时候能翱翔蓝天。

◁**大飞机**一般是指起飞总重超过 100 吨的运输类飞机，包括军用大型运输机和民用大型运输机，也包括单次航程达到 3000 千米的或座位数达到 100 座以上的民用客机。

王大珩与大飞机结缘是在 1993 年，他当时担任中国科学院技术科学部主任，那时航空工业界正在讨论如何搞大飞机的问题，特别是客机。为此，王大珩参加了一个论证组，到国家主要的航空基地考察。此前，他并没有接触过航空业，但是一个科学家的本能就是不断地学习新知识。王大珩在慢慢学习中意识到航空工业发展缓慢，对国民经济和国防建设是不利的。于是，他带领很多科学家给中央领导写信：我国航空技术与国外相比还有较大差距，2010 年是我国全面完成现代化建设的关键时刻。在这段时间内，如再不把航空技术抓上去，在综合国力竞争中将存在严重危机，在军事上将陷于被动境地，我国 21 世纪初高达数百亿美元的民用飞机市场将继续被国外占领。

后来，他又与几位科学家联合调研，多次上书建议搞大飞机研制。经过反复呼吁，2006 年 1 月，国防科工委新闻发言人在国防科技工业工作会议新闻发布会上宣布，中国将在“十一五”期间“适时启动大飞机的研制”，引起了全国乃至世界的瞩目。2007 年，国务院批准大飞机研制重大科技专项正式立项。2008 年 5 月，中国商用飞机有限责任公司在上海成立，承担了中国民用大型客机的研制任务。2009 年，温家宝总理亲自探望病中的王大珩，并告诉他国产大飞机项目就是按王大珩当初的建议定的。

如今，中国自己的国产民用大飞机 C919 交付使用了，而军用大飞机运 20 早已服役。可以说，王大珩晚年的心愿终于成真了。

药用植物学家——徐锦堂

徐锦堂（1929 年 6 月—2021 年 5 月），出生于山西太原，原籍山西五台。著名药用植物栽培、药用真菌培养学家。1958 年从山西农学院毕业后，先后任职于中国医学科学院药物研究所、药用植物研究所。从 20 世纪 50 年代末开始，先后对天麻、黄连、猪苓等药用植物进行长期系统全面的研究，在理论研究方面取得重大突破，彻底扭转了天麻、黄连等药材长期紧缺的局面，取得了巨大的社会效益、经济效益及生态效益。在黄连栽培研究中，结束了几百年来毁林栽连的历史，并获得连、粮、林、畜四丰收，被黄连产区人民称为“徐锦堂栽连模式”。在天麻的研究中，不仅在国内外首次实现了天麻的人工栽培，而且揭开了天麻生活史的全部秘密，发现和阐明了天麻与真菌共生营养关系的全新理念，被誉为“天麻之父”。

改变了黄连的传统栽培方式，让黄连生产走上了可持续发展之路；发明的天麻栽培技术使天麻从全国无货供应扭转为市场供需两旺，而且在理论上有重大发现，引领天麻研究走出了误区。

1. 天麻从野生走向人工种植

▷**天麻**是一种名贵的中药材，为兰科植物天麻的干燥块茎，是多年生寄生草本，生于海拔1200—1800米的林下阴湿、腐殖质较厚的地方。早在一千多年前就被中国人作为药用，具有息风止痉，平抑肝阳，祛风通络的功效。

徐锦堂对**天麻**的研究非常成功，而他与天麻的结缘纯属偶然。起初搞天麻研究完全是他的个人行为，经费全部来自他的个人腰包。

几十年前，由于科研手段落后，我国中医药的开发比较粗放。当时人们对天麻的了解非常少，长期依赖挖掘野生天麻，破坏了天麻的生长环境，使天麻资源越来越匮乏。能不能采取不破坏自然环境的方法来开发天麻呢？徐锦堂决定从头做起，研究天麻。

1959年春，徐锦堂到武陵山区的一些地方蹲点，发现当地一些农民能挖到天麻。他想买一些天麻做试验。但当时正值困难时期，当地农民生活十分困难，主要精力都放在采挖野菜以度过饥荒上，找到的天麻数量很少；而且研究天麻是徐锦堂的个人行为，没有正式立项，没有足够的科研经费购买天麻。另外，药农对天麻的分布区域保密，不愿意告诉他。没办法，徐锦堂只能自己去找，他不熟悉地形，也不顾饥肠辘辘、骨瘦如柴的身体，全靠信念和决心，真的找到了天麻。徐锦堂利用找到的天麻试种——把挖到的一些天麻按照种土豆的方法种下，可秋天却一颗天麻也没长出来。徐锦堂沮丧至极，他把这事告诉了一位相识的药农，药农告诉他一个民谣：“天麻是个宝，栽了就会跑。天麻是山怪，栽了就不在。”意思是，没人知道怎么种天麻，也从来没人种出来天麻。

徐锦堂坚信一定可以人工种植天麻。可是搞天麻种植研究需要经费，没有经费来源，他自己想办法：第一是从嘴里省，每月生活费压缩在10元以内；第二是车票补贴，出差往返坐硬座，每个月能省下近20元。那时，从天麻产区到北京坐火车往返需要三天两夜，坐久了腿脚都肿了，可为了天麻研究，他咬牙克服了各种困难。利川县科委黄德炳知道情况后，千方百计支援了他1000元作为天麻研究的专款，支撑着天麻研究工作艰难前行。

1962年夏，徐锦堂的坚持终于迎来了惊喜——一个被他埋在土里的天麻**块茎**结出了一个鸽子蛋大小的天麻。徐锦堂欣喜万分，这是第一次在人工干预情况下长出来的天麻！他回到北京，把天麻标本拿给中国医学科学院药物研究所所长看，所长十分高兴，支持他继续研究。

1963年，天麻研究正式立项，研究小组也成立了，经费和人员都有了，徐锦堂不再孤军奋战。但是经过一段时间的试种，他们始终没找到天麻的正确栽培方法。徐锦堂清醒地意识到，盲目栽种不可行，应当从源头抓起，只有对天麻的生态条件和生长繁殖全过程有了清晰的了解，摸清它的生长规律，才能完成天麻的人工栽培，否则成功的希望渺茫。

徐锦堂想先搞清楚天麻是怎样从外界获取营养的。俗话说“庄稼一枝花，全靠肥当家”。无论是自养生物还是异养生物，其生长繁殖都需要从外界环境中摄取所需要的物质和能量，这是植物的生长规律。徐锦堂听说日本人草野俊助1911年发表过《天麻与**蜜环菌**共生》一文，那是天麻研究屈指可数的文献，他一心想找到这份资料，为此，他跑遍了北京的医科院图书馆、北京图书馆、中国农业科学院和中国农业大学的图书馆，可不仅这篇论文没找到，

◁ **块茎**是一个植物学名词，是变态植物茎，呈块状，故名块茎。具有植物茎的主要特征，如芽、叶痕等。地下的变态茎之一为节间短缩的横生茎，外形不一，常肉质膨大、呈不规则块状，贮藏如淀粉、糖类等碳水化合物，以备来年重新生长时用。根系自块茎底部发生，节向下凹陷如眼窝，芽生其中但并不明显，鳞叶退化或早落，如半夏、天麻、马铃薯等。

◁ **蜜环菌**属于伞菌目、蜜环菌属，子实体一般中等大。菌盖直径4—14厘米，淡土黄色、蜂蜜色至浅黄褐色。夏秋季在很多种针叶或阔叶树树干基部、根部或倒木上丛生。

其他研究资料也一无所获。

不过，转机很快出现。在野生生态调查中，徐锦堂特别留心蜜环菌的分布，以及它的出现与天麻生长的关系。有药农对徐锦堂说，“挖野生天麻的时候常常挖到像线绳那样的黑丝丝”，药农都管它叫“报信”。只要看见报信，就可能挖到天麻。另外，当地9—10月苞谷（玉米）收获时，在一些死树桩上常会有蘑菇，味道鲜美，当地人称其为“苞谷菌”，药农在采摘“苞谷菌”的树桩下也经常挖到天麻。联想到草野俊助关于天麻的那篇论文，徐锦堂想“苞谷菌”是不是蜜环菌呢？为了证实这种推测，天麻研究小组采收了50株“苞谷菌”子实体进行形体观察和鉴定，结果证实“苞谷菌”就是蜜环菌！

一次，徐锦堂半夜醒来，奇怪地发现堆放在床底下的天麻发出一种蓝光，掰开这种发光的天麻，发现是快要腐烂的母麻，里面长满了白色**菌丝**和红黑色**菌索**，而发光的东西就是这些菌丝。另外，他还发现工人劈树根掉在地上的木渣到晚上也会发出蓝光，与床下天麻的蓝光一模一样。这些现象启发了徐锦堂：用这些长了蜜环菌菌丝的木头栽天麻，会不会成功呢？

按照这个思路，徐锦堂进行了调查，发现三个现象：

第一，凡是能挖到野生天麻的地方，其周围树根、树桩上都生长有蜜环菌；天麻分布在哪一种树周围，蜜环菌同样会分布在这种树周围。

第二，分布有蜜环菌的树根下不一定都能挖到天麻。

第三，不是所有生长蜜环菌的树根树桩上都能长出蜜环菌的**子实体**。

据此，徐锦堂得出结论：蜜环菌离开天麻可以生活，而天麻生长离不开蜜环菌。

基于上述发现，徐锦堂决定实验用蜜环菌伴栽天麻。

▷**菌丝**为管状细丝，为大多数真菌的结构单位。是由孢子萌发成芽管，再由芽管不断生长成丝状或管状的菌体，可以不断延伸或分枝。

▷**菌索**是有些高等真菌的菌丝体平行排列组成长条状，因类似绳索而得名菌索。

▷**子实体**是高等真菌的产孢构造，即果实体，由已组织化了的菌丝体组成。在担子菌中又叫担子果，在子囊菌中又叫子囊果。无论是有性生殖还是无性生殖，无论结构简单或复杂，都称其产孢结构为子实体。蘑菇地上小伞状的部分就是蘑菇的子实体。

人类有史以来第一次实现了人工栽培天麻。根据试验结果，徐锦堂进一步确定了用自然菌材（带菌树根）加新鲜木棒培养菌材的方法，奠定了人工栽培天麻的基础。而所有这些，还仅仅是通向成功的第一步。

从科研到生产实践还有很长的路要走，虽然证实了可以人工种植天麻，但是要用蜜环菌和天麻一起种才能成功，要把这种办法用到大规模的生产种植中还有很多工作要做。

徐锦堂最初发明了一种叫作“三下窝”的办法，即将种麻、木头、菌丝段一块下种，但这种方法的成活率很低，而且两年后才能收获，新长出来的天麻产量也不如栽种的播种量，得不偿失。

徐锦堂决心找出一个可行的种植方法。1973年的一天，徐锦堂在搭乘火车时突然想到一个问题：在野生天麻窝子中，是先有蜜环菌还是先有天麻？他认为，应该是土壤中先长了蜜环菌，然后天麻种子被风吹落到有蜜环菌的窝子里发芽。如果在窝子里先把蜜环菌材培养好，尽量不破坏菌材和土壤的已有格局，然后把麻种放进去，应该能够大大提高成活率。于是，徐锦堂和小组成员一起试验这个方法，效果非常明显。徐锦堂马上召集大家开会，在麻农中推广这个方法。当时汉中地区每天有上万人上山采挖野生麻种，对生态破坏很严重，规范天麻种植技术已经势在必行。由于徐锦堂的这些研究是在陕西汉中做的，为了推广徐锦堂的方法，汉中地区药材公司组成了20多人的队伍，组建天麻技术推广宣传队，常驻各县，用连环画展、广播宣传、办班培训等方式，向农民普及天麻**无性繁殖**栽培技术。宣传队走遍了汉中11个县，汉中这11个县按照这个方法栽种天麻，收获喜人。在这之后，天麻种植方法在汉中地区大面积推广，天麻成为汉中不少县的“拳头产品”。后来更是将天麻人工栽培方法推广到陕西以外的地区。作

◁ **无性繁殖**不涉及生殖细胞，不需要经过受精过程，由母体的一部分直接形成新个体的繁殖方式。无性繁殖在生物界中较普遍，有分裂繁殖、出芽繁殖、孢子繁殖、营养体繁殖等多种形式。天麻的无性繁殖属于营养繁殖。

为技术顾问，徐锦堂还亲自到过汉中的10个县和商洛地区的7个县，通过到各县查看收获情况，观察总结出几套适合当地农民的栽培方法，都具有简单易学、成本低、产量高的特点。

所到之处，徐锦堂都受到了当地的热烈欢迎。因为天麻种植技术可以创造经济效益，帮助当地人提高收入、改善经济状况。徐锦堂明白这个道理，所以他不分昼夜地奔忙，仅仅在陕西就举办了200余期培训班，两万多人次参加学习。

就这样，徐锦堂经过调研、反复试验，研究出了可行的天麻种植办法，并在实践中不断优化，为汉中的农民找到了一条行之有效的天麻栽种办法，一方面为汉中的农民找到了一条致富路，同时保护了生态；另一方面帮助中国传统医药走上了新台阶。

2. 滴水穿石　积微成著

徐锦堂对天麻的研究持续了二十多年。最初他是为了帮助中医药学的发展，帮助贫困地区的农民脱贫。在长时间研究的基础上，徐锦堂搞清楚了天麻的生活史，即从种子萌发到新的种子成熟的整个阶段。这在植物学研究上具有很高的价值，是对世界植物学界的重要贡献。

中国兰花学会理事长罗毅波教授对此来信表示祝贺，信中说：

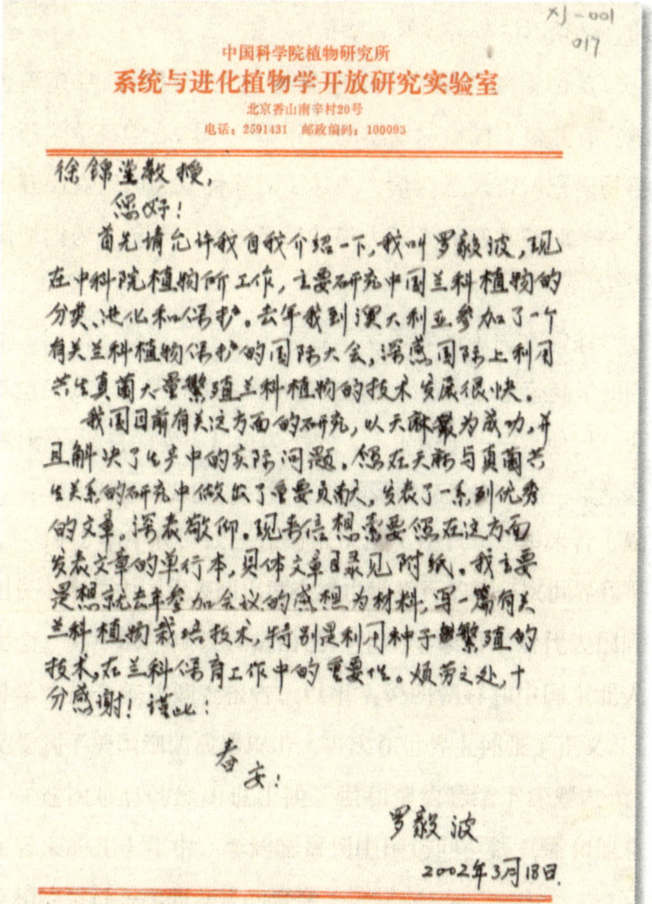

XJ-001
017

中国科学院植物研究所
系统与进化植物学开放研究实验室
北京香山南辛村20号
电话：2591431　邮政编码：100093

徐锦堂教授，

您好！

首先请允许我自我介绍一下，我叫罗毅波，现在中科院植物所工作，主要研究中国兰科植物的分类、进化和保护。去年我到澳大利亚参加了一个有关兰科植物保护的国际大会，深感国际上利用共生真菌大量繁殖兰科植物的技术发展很快。

我国目前有关这方面的研究，以天麻最为成功，并且解决了生产中的实际问题。您在天麻与真菌共生关系的研究中做出了重要贡献，发表了一系列优秀的文章。深表敬仰。现写信想索要您在这方面发表文章的单行本，具体文章目录见附纸。我主要是想就去年参加会议的感想为材料，写一篇有关兰科植物栽培技术，特别是利用种子繁殖的技术，在兰科保育工作中的重要性。烦劳之处，十分感谢！谨此：

春安！

罗毅波

2002年3月18日.

◁罗毅波教授写给徐锦堂的信

▷**共生营养关系**是两种或两种以上不同的生物共同生活在一起，互惠互利、相互依存的关系。植物与真菌在共生体系中存在着生理上的相互依赖。

兰科植物天麻在不同生长期与不同真菌共生，是我们中国人首先发现的。由于我们的发现，在世界兰科植物研究中，人们进一步认识到兰科植物与真菌**共生营养关系**的复杂性和多样性。这是我们中国人对兰科植物与真菌共生营养关系研究的一大贡献，也是中药研究对世界的一大贡献，它将载入兰科植物研究的史册。

徐锦堂能做出这么重要的成果，离不开他二十多年持续在田间地头的工作，离不开他在不断的实践中发现问题、提出假设、试验验证、解决问题，无数次的循环往复。科学研究工作绝不是凭着一点聪明就能一步到位、解决问题的，必须不怕辛苦、努力坚持。

在徐锦堂的帮助下摆脱贫困的人们对徐锦堂充满感激。有几位农民给徐锦堂的工作单位中国医学科学院药用植物研究所寄来感谢信，表达了对徐锦堂为山区农民开出了一条脱贫致富的光辉大道的感激之情，希望能为他塑像立传。

徐锦堂为山区农民实实在在地做出了贡献，得到了他们的最高感谢——塑像立传。造福人民的科学家，人民也不会忘记他。在中国历史上，农民为自己心爱的科学家塑像，这是第一次。当谈起塑像的初衷时，一位农民感慨万千：

自古我们这里就有山无田，祖祖辈辈苦得很，吃的是苞谷（玉米）饭，住的是茅草房，连路也没有。1972年，徐老师翻山越岭来到这儿，白天手把手教我们种天麻，晚上办学习班讲天麻，我们才一天一天地富起来。乡亲们盖房子靠的是天麻，娶媳妇靠的也是天麻，孩子上学靠的还是天麻。中国有句古训叫作“滴水之恩当涌泉相报”。可是我们对徐老师的恩惠却始终无法报答。后来，乡亲们提议：就在我们这里为他塑个像吧，让张家河乡的人天天都能看到徐老师，让我们的子孙后代永远不忘徐老师！

▽农民的信，原载 2001 年 7 月 19 日《科技日报》

我们要为徐老师塑像立传

药植所党委、所领导：

我们是陕西省汉中地区勉县张家河普通农民，为完成山区父老乡亲的心愿，感激为山区农民开出了一条脱贫致富光辉大道的药植所教授徐锦堂老人，特致信药植所党委、领导——在这深山老林为徐教授塑像立传。

被人们称为“第三世界”的张家河，地处秦岭，山高林深，交通不便，文化落后，与世隔绝。即使在改革开放的今天，仍没有架通电网输送的高压电。农民除种一点零星庄稼外，再也没有什么收入。70 年代初，你所徐锦棠老师来到了这个贫困的山区，开始了他的天麻研究生涯。

天麻，过去被称为“神麻”，在自然界生长良好，一旦被挖回人工栽培，便踪影全无，被人认为天麻能飞会跑。徐老师不信这个邪。他考察的足迹踏遍了山山水水，发现这里气候适宜，四季分明，雨量充沛，不仅有丰富的森林资源，还有野生天麻分布，很适合天麻生长。他拜访了所有老农，终于发现“天麻与密环菌”的关系，总结出了一套较完整的天麻繁殖栽培技术。农民告别了过去自给自足的自然经济时代，广大农民把徐锦棠老师尊称为“天麻之父”：他打破了天麻不能人工栽培的神话。

他不顾 70 高龄，先后多次到汉中、略阳、宁强、张家河等地传授天麻有性繁殖技术，多次举办学习培训班，使农民掌握新技术，迅速脱贫致富。如今我们张家河，家家户户都种植天麻，成了我们的支柱产业，在全国出了名。每年到了采挖季节，成都、重庆、武汉、广州的客商都来收购。农民收入大大增加，靠种天麻盖起了房子，有的还住进了新楼房。有 80% 的农户买了摩托车，有的还买了汽车，许多农民都把子女送往几百里外的县城读书。

山里人有一颗纯朴善良的心，为了不忘帮助张家河农民过上好日子的“活财神”，我们的前辈和我们都有个心愿，等张家河农民过上好日子后，一定要在张家河给徐老师塑个像，让后辈儿孙饮水思源，不忘共产党，不忘徐老师。不忘药植所党委、领导培养的好干部，优秀科学家。

我们自发组织商量，在张家河塑“天麻之父徐锦堂教授”的大理石塑像。现已选好材料，开工雕塑，预计 11 月底完工，我们还将举行隆重的仪式。衷心希望药植所领导满足我们两代人的愿望，届时恭请所领导光临指导。

陕西勉县张家河农民陈伯乾、许文科等

2001 年 5 月 13 日

材料科学家——严东生

严东生（1918 年 2 月—2016 年 9 月），出生于上海，祖籍浙江杭州。材料科学家，中国科学院院士，中国工程院院士。1935 年考入清华大学；1941 年毕业于燕京大学获硕士学位，1949 年在美国伊利诺伊大学获陶瓷学博士学位，1950 年回国。曾任中国科学院冶金陶瓷所研究员、上海硅酸盐研究所所长、中国科学院副院长等职。他长期致力于材料科学研究，在高性能无机材料研究方面成就卓著，是中国当代无机材料科学的重要奠基人和开拓者之一，是国际无机材料科学界最有影响力的学术领导人之一。

作为我国无机材料科学技术的奠基人和开拓者之一，严东生带领团队解决了我国重大国防工程项目的材料难题，为大型粒子对撞机提供了闪烁晶体。

1. 研究无机闪烁晶体

▷ **无机闪烁晶体**：科学家们在20世纪初期发现某些物质在X射线或其他高能射线照射下，能激发出荧光，这就是闪烁效应。而具备这种闪烁效应的无机盐晶体被称为无机闪烁晶体。

▷ **X射线**是德国物理学家伦琴在1895年发现的，是一种波长极短、能量很大的电磁波。X射线具有穿透性，由于人体组织间有密度和厚度的差异，当X线透过人体不同组织时，被吸收的程度不同，经过显像处理后可得到不同影像，医学上经常用X射线来帮助诊断。

▷ **γ射线**有很强的穿透力，工业中可用来探伤，或者用于流水线的自动控制。γ射线对细胞有杀伤力，医疗上用来治疗肿瘤。

▷ **CT**全称电子计算机断层扫描，是一种医疗设备，是利用X射线能穿透人体的原理来成像，进而辅助诊断。1972年第一台CT诞生，到现在已经发展成一种不可或缺的重要医疗设备。

▷ **丁肇中**（1936.1—　）：出生在美国，祖籍山东日照，实验物理学家。1976年获得诺贝尔物理学奖。长期从事高能物理实验，取得了一系列重大成果，是世界顶级物理学家。1994年当选为中国科学院院士。

材料是人类生活和生产的物质基础，一部人类文明发展史在某种意义上也是人类发现、制备、使用和发展材料的历史。现代的材料科学已发展成一门复杂的学科。自20世纪80年代初，严东生一直领衔闪烁晶体的研究、开发与大批量生产工作，奠定了我国**无机闪烁晶体**的国际地位，取得了显著的经济和社会效益。

无机闪烁晶体可以用在**X射线**或**γ射线**的探测技术上，在高能物理、医疗器械、地质勘探、核物理和空间物理等领域具有广阔的应用前景。其中锗酸铋晶体（BGO晶体）的性能最好。1978年，为了研制一种**CT**设备，必须要先研制出BGO晶体，由严东生担任所长的中国科学院上海硅酸盐研究所承担了BGO晶体的攻关任务。第二年，BGO晶体研制成功，并应用在中国研制的第一台X射线断层扫描仪上。这项工作的成功为研究所此后在这方面的发展奠定了基础。

1981年，诺贝尔奖获得者**丁肇中**来到上海，找到严东生，给他带来一个关于BGO晶体的大项目——欧洲准备建造一个大型的**正负电子对撞机**，需要大量的BGO晶体。但是，他们需要的BGO晶体体积大、数量多，世界上没有人能够批量生产。丁肇中知道严东生在这方面有技术储备，于是找到严东生，问他能否完成这个订单。

出于科学家的直觉，严东生敏锐地意识到这个大型对撞机是一个举世瞩目的国际大科学工程，能够参与其中是一个可遇不可求的良机，不仅可以在国际竞争中提高自己的科研水平，而且可以为国争光。因此，他毫不犹疑地开启了这个项目，并指示上海硅酸盐研究所立即组织科研力量展开科技攻关。在他的争取下，这一任务还被列入国家和中国科学院的科技攻关项目。

正负电子对撞机需要的 BGO 晶体尺寸很大，用以前的晶体生产方法根本做不出来。当时很多发达国家，包括美国、日本、法国等国的科学家也在争取这个订单，并且拿出了自己的方法。严东生和同事们仔细分析了当时国际上 BGO 晶体生产未能取得突破性进展的原因，提出采用现有的通用技术方案不可能完成任务，必须独辟蹊径。在总结以往技术的基础上，严东生带领团队发明了一种新的方法，成功制造出符合工程要求的 BGO 晶体。在最终评比中，严东生团队生产的 BGO 晶体打败了所有竞争对手，做到“晶体尺寸世界第一、晶体质量世界第一”，从而赢得了这个大订单。

获得订单后，严东生面临的任务是把实验室的成果转化成可以大批量生产的生产线。这个过程充满挑战。根据合同，制造 BGO 晶体的原材料都要由一个英国公司提供，但是在研究过程中，严东生发现这些原料质量不好，直接导致生产出来的 BGO 晶体质量不合格。严东生据理力争，把原材料供应商改成了国内的一家公司。原材料问题解决后，经过不断地尝试、改进工艺流程、制订生产规范，产品合格率从 30% 提高到 90% 以上，最终满足了大批量生产的条件，并且提前完成了订单。

BGO 晶体生产与供应的优越表现让严东生团队在国际上名声大噪。1988 年，在日内瓦召开的一次有几百位科学

◁**正负电子对撞机**可以把质子、电子等基本粒子加速到极高的速度，然后让它们轰击一个固定的靶子，这个靶子中也有基本粒子。当两个基本粒子相撞后会展现出各种物理性质，帮助科学家研究新现象、发现新粒子。正负电子对撞机是一种耗资极为庞大的试验设备，往往需要多个国家合作建设完成。

家参加的会议，邀请严东生作报告。严东生全程用英语全面介绍了硅酸盐研究所在 BGO 晶体研制方面取得的成就和对建造大型对撞机所作的贡献。参会的科学家都对严东生团队的工作刮目相看，纷纷热烈鼓掌。同时，硅酸盐研究所也因为 BGO 晶体科研成就扬名国际，为中国赢得了极高声誉。丁肇中逢人就说："谁要 BGO 晶体，就到中国科学院上海硅酸盐研究所去！"可见，在尖端科技领域取得成果，其回报是多方面的。

BGO 晶体取得的巨大成就体现了严东生的眼光，依靠这个项目，严东升团队开发了一套生产工艺，建立起一套流水线，培养出一支高水平的科研队伍。后来，严东生团队把 BGO 晶体应用到现代核医学诊断装置——**正电子断层扫描仪**（PET）上，使硅酸盐所连续 8 年在该领域占领了约 80% 的国际市场，每年创汇近 2000 万美元。

▷**正电子断层扫描仪**是一种比 CT 更加先进的临床检查影像技术，在肿瘤、神经系统疾病和精神病、心血管疾病的诊断上具备良好效果。

此后，严东生率领团队重新投入另一种新的更高性能的无机闪烁材料——掺铊碘化铯晶体的研制中。20 世纪 90 年代中期，美国斯坦福大学直线加速器中心和日本高能物理所为了建造试验仪器，需要大量的掺铊碘化铯晶体。他们都想到了在这个领域处于领先地位的严东生，于是向严东生提出购买大尺寸掺铊碘化铯晶体的需求。严东生认为这又是一次难得的机遇和挑战，在给**周光召**的信中说道：我已再三勉励我们的工作同志，这是很重的责任，一方面将进一步确立中国的闪烁晶体在国际上的地位，另一方面也将在很大程度上考验我们这支队伍。因为不只是要做出大而好的晶体，而且要同时获得高的成品率、重复性及可靠性的规律，也就是进入市场规模经济的新的锻炼。

▷**周光召**（1929.5—　）：中国理论物理、粒子物理学家，赝矢量流部分守恒定理的奠基人之一，"两弹一星功勋奖章"获得者，中国科学院学部委员。

这次对新材料的研发与 BGO 晶体的研制如出一辙，都是在原料上出了问题。国内没有合适的掺铊碘化铯原料，

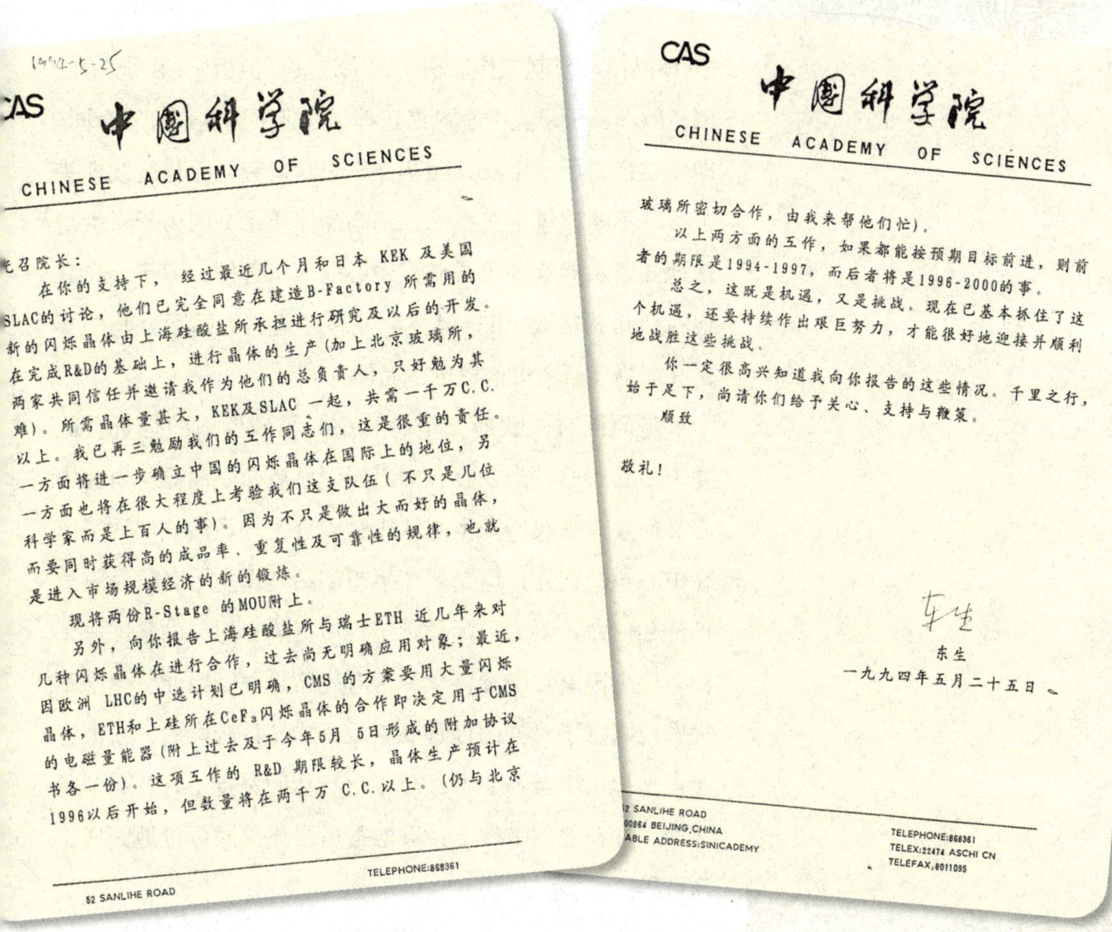
1994-5-25

CAS 中国科学院
CHINESE ACADEMY OF SCIENCES

光召院长：

在你的支持下，经过最近几个月和日本 KEK 及美国SLAC的讨论，他们已完全同意在建造B-Factory 所需用的新的闪烁晶体由上海硅酸盐所承担进行研究及以后的开发。在完成R&D的基础上，进行晶体的生产（加上北京玻璃所，两家共同信任并邀请我作为他们的总负责人，只好勉为其难）。所需晶体量甚大，KEK及SLAC 一起，共需一千万C.C.以上。我已再三勉励我们的工作同志们，这是很重的责任。一方面将进一步确立中国的闪烁晶体在国际上的地位，另一方面也将在很大程度上考验我们这支队伍（不只是几位科学家而是上百人的事）。因为不只是做出大而好的晶体，而要同时获得高的成品率、重复性及可靠性的规律，也就是进入市场规模经济的新的锻炼。

现将两份R-Stage 的MOU附上。

另外，向你报告上海硅酸盐所与瑞士ETH 近几年来对几种闪烁晶体在进行合作，过去尚无明确应用对象；最近，因欧洲 LHC的中选计划已明确，CMS 的方案要用大量闪烁晶体，ETH和上硅所在CeF_3闪烁晶体的合作即决定用于CMS的电磁量能器（附上过去及于今年5月 5日形成的附加协议书各一份）。这项工作的 R&D 期限较长，晶体生产预计在1996以后开始，但数量将在两千万 C.C.以上。（仍与北京

52 SANLIHE ROAD TELEPHONE:868361

CAS 中国科学院
CHINESE ACADEMY OF SCIENCES

玻璃所密切合作，由我来帮他们忙）。

以上两方面的工作，如果都能按预期目标前进，则前者的期限是1994-1997，而后者将是1996-2000的事。

总之，这既是机遇，又是挑战。现在已基本抓住了这个机遇，还要持续作出艰巨努力，才能很好地迎接并顺利地战胜这些挑战。

你一定很高兴知道我向你报告的这些情况。千里之行，始于足下，尚请你们给予关心、支持与鞭策。

顺致

敬礼！

东生

东生

一九九四年五月二十五日

52 SANLIHE ROAD
100864 BEIJING,CHINA
CABLE ADDRESS:SINICADEMY
TELEPHONE:868361
TELEX:22474 ASCHI CN
TELEFAX:8011095

△ 1994 年 5 月 25 日，严东生给周光召的信

只能从德国进口。从谈判开始，严东生一直参与主持工作，对原料质量的管理极其细致、具体，经常亲自下到原料仓库检查。后因德方没有依约进行真空包装，致使原料受潮，无法生产出合格晶体，硅酸盐所只能全部返还受潮原料，对方也依约承担了相应责任。在严东生的组织带领下，硅酸盐所马上又摸索出了一条与国际传统工艺不同的独特工艺技术，最终按期按量完成了合同任务。

此后，当欧洲准备建立新的强子对撞机，需要新的材料——钨酸铅晶体（PWO 晶体）时，他们再次想到了严东生，并向严东生提出供货请求。严东生团队集体攻关，

PWO 晶体，研制工作取得了很大进展。但由于国际政治原因，欧洲核子研究中心最终选择了与俄罗斯签订订货合同。即使这样，严东生及其团队并未中断研究，而是继续埋头苦干，不断改进工艺技术，提高晶体质量，因为严东生清楚地知道虽然欧洲核子研究中心取消了合同，但还会有其他科研机构需要 PWO 晶体。最终，他们为国际上其他多家高能物理研究机构提供了晶体。

与此同时，欧洲核子研究中心与俄罗斯的订货合同并未如其所愿，当在合作中出现问题后，欧洲核子研究中心又回过头来找严东生团队想继续合作。虽然欧洲核子研究中心毁约在先，但是严东生想到的是作为一名科学家的责任和使命，要为国际科学工程做贡献；想到的是国家荣誉，要为国家在国际科学界占有一席之地。因此，他毫不犹豫地同意了对方的订货要求。正式签订合同后，欧洲方面多次提出不合理要求，严东生与他们进行了有礼有节的交涉，并在他的带领下，硅酸盐所最终保质保量地完成了该订单。

2. 适时发展纳米材料

纳米材料从 20 世纪 80 年代开始逐渐受到重视，美、日、英、德等国纷纷投入大量的人力物力，并且取得了一系列前所未有的成就。严东生敏锐地认识到纳米级陶瓷材料的研究将成为一个重点领域，并将出现许多性能上的突破，成为材料科学研究领域的一个创新点。有鉴于此，严东生与南京大学的**冯端**一起向有关部门提议迅速开展这一领域研究。

◁ **冯端**（1923.6—2020.12）：著名固体物理学家。1946 年毕业于中央大学，是南京大学固体微结构物理国家重点实验室主任。1980 年当选中国科学院学部委员（院士），对材料科学有深厚的研究功底。

在这两位科学家的领导下，中国的纳米材料研究开始起步。纳米材料研究项目立项以后，经过两年多的研究工作，取得了初步进展，并通过了由国家科委组织的专家组的中期评估。在这之后，严东生和冯端联名致信国家自然科学基金委，希望对纳米材料科学研究给予进一步支持：

> 在首席专家领导下，经全体项目成员的共同努力，将有限的资金择优支持有限的科研目标，取得了十分可喜的成绩，超前、优质地完成了任务书所规定的目标，有所创新，做出了具有中国特色的纳米材料研究工作……我们初步分析认为，在纳米材料制备科学、纳米材料磁性能研究及相应的理论研究等方面，今后应予以重点加强。

可以说，正是严东生和冯端的前瞻意识，使得我国在纳米技术大发展的前期就抓住了时机。虽然投入的资金不算很多，但是在一些关键领域取得了很多成绩，为以后的

基金委攀登计划管理领导小组
并转国家科委

纳米材料科学项目自1992年10月立项以后，经过二年多的工作，最近在合肥通过了由国家科委组织的专家组的中期评估。专家组认为：“两年多来，在首席专家领导下，经全体项目成员的共同努力，将有限的资金择优支持有限的科研目标，取得了十分可喜的成绩，超前、优质地完成任务书所规定的目标，有所创新，做出了具有中国特色的纳米材料研究工作。”评议组还对本项目提出了明确的指导性意见，对我们今后的工作必然会起到很重要的促进作用。

在这次中期评估会后，邵立勤同志代表国家科委向参加该项目的同志提出了进一步搞好纳米材料研究工作的意见。要求更好地选择一些重点给予支持，经过今后三年工作的努力，在理论上与实际应用上，取得实质性的突破。

为此，我们初步分析认为，在纳米材料制备科学、纳米材料磁性能研究及相应的理论研究等方面，将在今后予以重点加强。特此提请国家科委基础研究与高技术司从1995年起每年度的支持强度能给予相应的增强，使我们能在今后几年的工作中，切实地实现我们的工作目标。

纳米材料项目首席专家

嚴東生　冯端

1995年2月

△ 1995年2月28日，严东生和冯端写给国家自然科学基金委攀登计划管理领导小组的信

发展奠定了基础。

尽管取得了成绩，但严东生深知纳米材料科学尤其是应用研究方面的发展才刚刚开始。已经 80 岁高龄的他，凭借对国际材料科学发展的独到眼光和思考，决定在硅酸盐所开展新型有序**介孔材料**的研究。在他的倡导下，硅酸盐所在介孔材料研究领域取得了很多进展，先后在 SCI 期刊上发表了 160 余篇高质量研究论文，被引用超过 2000 次，相关研究成果获得中国十大科技进展、国家自然科学奖二等奖等奖励。对以严东生为首的研究团队在该领域的突出成就，国际学术界给予了很高的评价。

◁**介孔材料**属于无机多孔材料的一种。按照孔径大小，多孔材料可分为微孔、介孔和大孔材料。微孔材料孔径一般小于 2 纳米，包括硅钙石、活性炭、泡沸石等。大孔材料孔径一般大于 50 纳米，包括多孔陶瓷、水泥、气凝胶等。孔径介于二者之间的称为介孔材料，如一些气凝胶、微晶玻璃等。这些材料都有良好性能，具备广泛的应用价值。

天文学家——叶叔华

叶叔华（1927 年 6 月— ），天文学家，中国科学院院士，第一届全国十大女杰，中国第一个女性天文台台长。20 世纪五六十年代建立并发展了中国的综合世界时系统。70 年代早期，推进有关新技术在中国的建立，负责中国甚长基线射电干涉网的建设。90 年代开拓天文地球动力学研究，负责“现代地壳运动和地球动力学研究”项目并取得重要成就，发起和创建“亚太空间地球动力学”国际合作项目，担任首届主席。1985 年当选英国皇家天文学会外籍会员。1988—1994 年当选国际天文学联合会副主席。曾任中国科学院上海天文台台长，中国科协副主席，上海市科协主席等职。1994 年经国际天文学联合会有关委员会批准，紫金山天文台把该台发现的小行星 3241 号命名为“叶叔华星”。

叶叔华是我国天文地球动力学研究的奠基人之一，是国家攀登计划“现代地壳运动和地球动力学研究”的首席科学家，在她的不懈努力和推动下，亚太空间地球动力学国际合作计划得以施行。

1. 克服艰苦的工作条件

1951 年，叶叔华来到上海天文台下属的**徐家汇观象台**工作。此时，这里的工作条件很差，只能在有限的条件下进行基本的授时工作。直到两年之后，这里发布的时间信号才能够满足一般的民用和上海周边的航海需要。

叶叔华进入徐家汇观象台的第一份工作是观测恒星，这对计算标准时间是必不可少的，对观测者的技术要求也极高。每逢晚上观测，叶叔华总是早早打开观测室的活动屋顶，让室内外温度一致，以减少**热辐射**对观测造成的影响。观测时，需要用两手操作**中星仪**跟踪恒星，跟星的好坏直接影响观测精度，因此叶叔华必须全神贯注、目不转睛，与此同时还要做记录，只有熟练的观测者才能达到手眼并用、协调一致。

叶叔华身材矮小，只能找来一个小矮凳站在上面操作中星仪观测。冬天的上海天气湿冷难耐，深夜尤为寒冷。叶叔华在观测室里和在户外一样，双脚冻得发麻、手指冻得发僵，为了保证观测的精度，只能赤手操作冰冷的仪器追踪观测天体。

在来上海之前，叶叔华的丈夫程极泰就提醒过她，上海的冬天比较冷，需要穿棉鞋。但是一直生活在广州和香港的叶叔华不知道上海的冬天有多冷，也不知道什么是棉鞋，直到有了亲身体会后，才明白自己没有做好应对冬天的准备。到了夏天的夜晚，她又倍受蚊虫叮咬之苦，观星时，蚊子叮在脸上却不能腾开手驱赶。

徐家汇观象台地处我国东南沿海，阴雨天多、晴朗天少，不利于天文观测。为了充分利用每一个晴天，台里形

▷**徐家汇观象台**，前身是 1842 年由法国天主教耶稣会派遣的 3 名传教士创建的徐家汇天文台。20 世纪 40 年代，天文台有近 100 名中法工作人员。徐家汇天文台一直坚持进行气象预报和授时工作，而且在时间精度和方法技巧上不断改进，为航运事业、科技发展和上海市民生活做出了贡献。抗日战争爆发之后，法国政府撤走了徐家汇天文台的大批研究人员，天文台的主楼建筑被日本飞机炸毁。第二次世界大战结束后，法国由于内外交困、经济萧条，已经无暇顾及这些海外的研究机构。这一切使得曾经盛极一时的徐家汇天文台陷于人员流失、经费拮据、管理混乱的困境，仅维持着日常的气象、天文、地磁和地震的监测记录工作。新中国成立后，上海市政府接管了徐家汇天文台并调整了组织机构，徐家汇天文台成了上海天文台下属的观象台。

▷**热辐射**是物体用电磁辐射的形式把热能向外散发的一种热传方式。它不依赖任何外界条件而进行，是热的三种主要传导方式之一。一切温度高于绝对零度的物体都能产生热辐射，温度愈高，辐射出的总能量就愈大，短波成分也愈多。

成了一条不成文的规定——只要不是阴天，就必须有人观测。因此，即使节假日，甚至大年初一，只要是晴天，叶叔华就会去观测室坚持观测。在国外的观象台，由于周末休息导致观测数据分布不均匀，这被称作“周末效应”；而在徐家汇观象台，由于叶叔华和同事们的坚守，不仅保证了观测精度，还保证了观测数据的均匀性，消除了“周末效应”。

除了夜晚的观测工作之外，叶叔华白天还要承担繁重的计算和数据处理工作。

天文学听上去很浪漫，可是叶叔华的工作环境却是这样的艰苦，这和她想象中的天文学相距甚远，并且当时上海的生活环境比香港差很多。无论是工作还是生活，叶叔华都觉得不顺心，她想到了离开，可一时又不知道能去哪里，唯一能做的只有忍耐和坚持。正当她茫然不知所措时，佘山观象台台长**李珩**给了她鼓励和安慰。叶叔华至今都记得李先生说过“枯燥的数据也会说话的”。叶叔华很快就体会到了这一点。

除了日常的观测和计算之外，叶叔华还负责给设在巴黎天文台的**国际时间局**寄送徐家汇的测时结果，有一次时间局方面来信询问：为什么你们的结果每个月都有波动？带着这个疑问，叶叔华逐步检查计算步骤，所有的计算都是按照相关研究人员制定的规则进行的，为什么会有波动呢？经反复测算，后来发现是一个数据被忽略了，以前这个数据由于值比较小，所以未加考虑；但是随着测时精度的提高，它的影响就变得明显了。在此之后，叶叔华在计

◁**中星仪**又叫子午仪，用来确定恒星位于最高点的精确时刻。这个时刻对确定精确时间有帮助，也可以用来确定经度。

◁**李珩**（1898.12—1989.8）：中国现代天文事业的奠基人之一，代表作品《天文简史》《宇宙体系论》《大众天文学》《天文学简史》。1962 年 8 月中国科学院上海天文台成立后，出任第一任台长。

◁**国际时间局**是 1912 年法国人提议设立的，1922 年在巴黎开始运行。其工作内容包括通过收集世界各地天文台的数据，以确定精确的时间和地理坐标。1988 年国际时间局改组，其工作职责被其他机构承担。

算结果中改正了这个问题，她的工作也获得了**张钰哲**台长的肯定。

随着时间的推移，工作逐步深入，叶叔华逐渐爱上了这份工作。每每回忆起她最初参加工作时的思想转变，叶叔华会说：

> 正是这些没有生命的数字，让我逐渐发现了科学的真谛，引领我踏入灿烂辉煌的科学殿堂。

之后发生的事情让叶叔华对自己的事业更加坚定。当时国家决定把测绘事业加速发展起来，因为测绘是中国人了解自己国土的重要手段，没有测绘连地图都画不出来。测绘离不开天文观测，因为地面上某一点的地理经纬度是由天文观测决定的，需要天文台给出精确的数据。

我国的测绘工作最初使用过日本和美国的数据，但由于当时的政治原因，收听时号经常受到各种限制；后来主要使用苏联数据，但远距离接收苏联时号很不稳定。测绘部门迫切希望能够使用中国自己发播的数据，相关领导把这个任务交给徐家汇观象台。因此，徐家汇观象台开始新增人手，购置并改装了一些仪器。虽然新来的人需要从头教起，但是叶叔华还是感到喜悦。

但问题很快出现了。中国科学院地理研究所大地测量组的组长**韩天芑**分别用苏联与徐家汇提供的数据得出了经度结果，可比对之后发现苏联的数据比徐家汇观象台的好。韩天芑说："测绘界是不会使用徐家汇公布的数据的，用了你们的数据反把我们的工作搞坏了。"

叶叔华对此很委屈，大家努力的结果却受到这么严厉的批评，这激起了她内心不服输的冲劲，她暗下决心：一定要把这项工作做好。多年之后，叶叔华和韩天芑提起这

▷**张钰哲**（1902.2—1986.7）：中国近代天文学家，中国近代天文学的奠基人。长期致力于小行星和彗星的观测。1928 年，张钰哲发现了一颗新的小行星，这是第一颗被亚洲人发现的小行星，他将这颗小行星命名为"中华"。

▷**韩天芑**（1923.2— ）：大地天文学家和天文地球动力学家，我国天文大地测量学科的开创者之一，我国天文地球动力学研究的开拓者之一，在世界时服务、地球自转变化和恒星光干涉技术的研究中取得了重要成果。大地天文学是天文学的一个分支学科，可以通过观测天体的位置来确定地面上某一个点的经纬度和方位角。这些数据可以用来制作精确的地图，所以韩天芑非常看重天文测量所取得的数据的精确度。

件事来，半带感慨、半带戏谑地说：“老韩同志当年的一声吼啊……”这一声吼中包含着善意的批评、殷切的期望，还有极大的激励。所以叶叔华和韩天芑后来成了好友。

中国幅员辽阔、地形复杂，测绘人员在高山峡谷、深山老林、雪山草原、戈壁沙滩中工作，条件比天文台艰苦得多，甚至常有生命危险，那时甚至流行着一句俗话：“有女不嫁测绘郎，一年大半守空房。”当时，台里经常邀请测绘工作者做英雄事迹报告，测绘队员的故事深深地触动了叶叔华：“我们从事的时间工作是何等重要！我们再辛苦也是在大城市，怎么能与测绘队员相比！”叶叔华决心把自己的青春年华献给祖国的时间工作。

叶叔华后来说过：

> 一项事业会改变人的初衷，兴趣也是可以改变和培养的，关键在于你真正了解了事业的意义所在，然后你就在事业里找到了自己的定位，几十年如一日地勤勉工作，做出自己的贡献。

随着叶叔华他们的努力工作，上海天文台在时间研究方向的工作进入国际先进水平的行列。

2. 决心发展甚长基线干涉测量

▷**甚长基线干涉测量**是一种用于射电天文学中的天文干涉测量方法。允许用多个天文望远镜同时观测一个天体，模拟一个大小相当于望远镜之间最大间隔距离的巨型望远镜的观测效果。

甚长基线干涉测量（Very Long Baseline Interferometry，VLBI）出现的时候，正处于“文化大革命”期间，这导致中国的天文学事业和国外产生了一段时间的隔绝，影响了中国天文学的发展，叶叔华的科研工作也无法避免地受到影响。在此期间，叶叔华一直想方设法关注天文学前沿进展，尤其是观测技术的进展。她在图书馆翻看国际天文联合会的报告时发现一个亮点：1967 年，美国和加拿大分别研制成功了一种叫作甚长基线干涉仪的设备，可以用不同位置的望远镜同时观测同一个天体，模拟一个巨大的望远镜的观测效果。但由于耗资巨大、技术上没有完全成熟，国际天体物理学界对此反应冷淡。

她敏锐地发现这种新型观测技术能够把现有的观测精度提高 1—2 个数量级。假如中国天文学界在这一新技术上落后，将导致中国天文学的落后。叶叔华觉得这种技术是将来天体测量和天体物理不可缺少的，因此，下定决心要在中国尽快开展这项研究。

要推进 VLBI 技术的发展，首先要在天文学界内部取得共识。在叶叔华等科学家的推动下，1973 年举行了两次学术会议，上海天文台在两次会上都提出要发展 VLBI 技术，并且很快拿出了具体报告。上海天文台的报告引起中国科学院的注意，中国科学院把发展 VLBI 技术列入全国科学技术规划的重点项目。

不过这仅仅是个开始，要想把计划变成现实需要经费。为此，叶叔华亲自到科技管理的各个部门，说服相关部门给发展 VLBI 技术提供经费。

VLBI 虽然对天文学和其他学科都有很大用处，但是需要造价高昂的设备，这也引起了很多专家的疑虑。当时的中国，经济还比较落后，用在科研上的经费很有限。上海天文台的党委书记对VLBI的研究有所动摇，他想到了韩天芑，韩天芑是叶叔华多年的老友，又懂专业知识，于是咨询韩天芑：空间的技术到底有没有前途？面对党委书记的询问，韩天芑真诚地说：叶叔华的意见是对的！

叶叔华坚持自己的想法，她坚信自己选择了正确的学术方向并一定会取得成功。在VLBI技术的研发路上，叶叔华克服了重重困难。

VLBI技术需要公布上海天文台的**地心坐标**，但是这个坐标在当时是机密。为了解决这个问题，叶叔华去中国科学院找一位秘书长，等她到的时候，碰巧人家去开会了。她一直等到中午，可人家回来后马上就要回家吃饭。她又跟到人家里，人家邀请她一起吃饭，但是她没有吃，一直等到人家吃完饭才说明来意，并且再三强调公布这个坐标有多重要。于是，秘书长决定向总参谋部反映，公布这个坐标。

◁**地心坐标**也叫地心坐标系、地心位置，指确定某一点的位置相对于地心的坐标。

为了制造设备，需要一个25米直径的抛物面天线，她去找一位电子工业部的处长商量，但处长只说了两个字“不行”。叶叔华当时非常尴尬，但是又不想放弃，就在处长面前枯站了15分钟。叶叔华想，自己所做的一切都是为了国家的天文学发展，即使很尴尬，也不能就这么算了。处长见她一直不走，只得再次询问她究竟要做什么，叶叔华就提出要见电子工业部部长。部长王士光是一位电子技术专家，听了叶叔华的来意后，马上答应了她的要求。

VLBI项目就在这样的情况下逐步推进。

3. 访美学习先进经验

叶叔华深知科学研究需要国际交流，闭门造车是无法前进的，不管是 VLBI 项目还是整个天文学界的发展都需要交流。

1978 年的一天，上海天文台接到电话，要求派一个人到上海科协接待从美国回国访问的科学家——美国哥伦比亚大学教授、国际著名地球物理学家郭宗汾。叶叔华喜出望外，因为 VLBI 技术在地球物理领域也有很多应用，所以她向郭宗汾详细介绍上海天文台关于 VLBI 的情况。郭宗汾这才惊讶地发现：中国也在紧跟世界潮流！

热情的郭宗汾鼓励叶叔华走出国门去看看世界的发展，他认识美国麦克唐纳天文台以及美国宇航局搞 VLBI 的专家，他愿意推荐叶叔华去看看。郭宗汾回到美国后就告诉了**麦克唐纳天文台**台长哈伦 · 史密斯（H. J. Smith），史密斯给叶叔华写了一封邀请信，邀请她访问美国。接信后，叶叔华欣然受邀，并给史密斯台长回信。

▷**麦克唐纳天文台**建立于 1939 年，是由金融家麦克唐纳捐献遗产建立的。这个天文台曾经发现海王星的卫星海卫二和天王星的卫星天卫五。

1979 年 3 月，由中国天文领域科学家组成的访美代表团成立，4 月 23 日代表团启程赴美。当时，访问也遇到了很多困难，比如语言问题、吃饭问题。作为考察团的一员，叶叔华事事上心。

麦克唐纳天文台台长史密斯作为主要邀请人，对考察团非常友好。在叶叔华的老朋友科恩教授的努力下，加州理工学院承担了中国考察团在加州的绝大部分生活费，并促成了学院和上海天文台的多项合作。科恩还亲自驾车五六个小时，翻过崎岖的山路送考察团前往欧文斯谷射电天文台。郭宗汾还为叶叔华他们联系了美国宇航局。美国宇航局在得知上海天文台也在进行 VLBI 项目时，盛情邀请叶叔华前去访问。

在爱国华裔科学家、美国科学家、留学生等各方的共同努力下，访美代表团收获非常大，叶叔华觉得“这回真是开了眼界”。回国后，考察团撰写了厚厚的汇报，并且根据考察所得，调整了 VLBI 项目的建设计划。

克服这么多困难、付出这么多努力，叶叔华总算把 VLBI 项目的建设一步步变成了现实。1986 年，项目所需要的 25 米天线安装完毕，VLBI 项目在上海天文台落地生根，并且很快开始了观测。

1999 年，在乌鲁木齐建设的第二个天线建设完成。几年之后，开始中国**探月工程**，上海天文台利用 VLBI 天线，为嫦娥一号探测器精准进入月球轨道、圆满完成探月任务发挥了重要作用。

叶叔华一直是上海天文台 VLBI 工程建设的主要负责人，在争取项目立项和经费支持、开拓和发展国内外合作、工程组织管理及人才培养等方面起到了关键的或主导的作用。她是中国 VLBI 技术发展的开拓者和奠基人。

◁**探月工程**又名“嫦娥工程”，于 2004 年正式开始。嫦娥工程分为无人月球探测、载人登月、建立月球基地三个阶段。截至目前，嫦娥工程已经成功发射 5 个探测器。2020 年 12 月 17 日，嫦娥五号返回器携带月球样品在内蒙古四子王旗预定区域安全着陆，这是中国人首次得到月球样品。

024

中国科学院上海天文台
SHANGHAI OBSERVATORY
ACADEMIA SINICA.
SHANGHAI, CHINA.

Dr. C. S. Joshi
Director W.C, S.O.I.
Convener VLBI Group
Geodetic & Research Branch Campus
17-E.C. Road, Derra Dun, 248001
India

Feb. 15, 1986

Dear Dr. Joshi:

Thank you very much for your letter concerning our VLBI network which was presented at Delhi, IAU Assembly last year.

Enclosed please find a copy of the graph we made recently. The four Chinese stations are, (from East to West)

Shanghai (25 m, MK III, almost ready)
Kunming (10 m, ready, proposed to have a MK III)
Dalingha (13.7 m, a milimeter wave antenna almost ready, mainly be used on astrophusics)
Urumgi (proposed to have 25 m and MK III)

The dotted curves inside China mean the covery areas centered with Shanghai, Urnmgi and Kunming, with radii of 2000 km, which is the approximate distance from a base station to a mobile VLBI system.

Just recently, the IRIS Project is begin to include a station in South Afica and producing very nice results of ERP with European and N.Amevican stations. I think it is a good reason for India to establish her VLBI stations, and an Asian VLBI network will certainly play very imprtant role in global VLBI collaboration in Earth science such as geodetics, geodynamics, geophysics and Earthquake researches, as well as in astronomy.

I really hope both our proposal will be realized and looking forward to further cooperation between us.

With warm wishes.

Ye Shu-hua

Director
Shanghai Observatory

留底

△史密斯写给叶叔华的邀请函

019

中国科学院上海天文台

. H. J. Smith, Director
McDonald Observatory
University of Texas
Austin, USA

24, Nov. 1978

Dear Dr. Smith:

I am deeply moved by your warm and friendly letter dated in ~~13~~ the first of September. I myself and my colleagues are ready to accept your kind invitation with great pleasure, and we hope our visit to the Astronomy Department of Texas University and the McDonald Observatory ~~would~~ will be helpful to promote the friendship between our two observatories and open the way of our scientific cooperation.

Works in ~~Luna~~ lunar laser ranging in McDonald Observatory ~~are~~ very famous in the world. For 9 years observations, the data you obtained already made distinguish contributions to some astronomical constants and the study of the motion of the Moon, and shown very promising potentiality of laser technique to ~~the~~ geodynamic research. We are so glad to know that a new mobile satellite laser ranging station of your observatory

020

中国科学院上海天文台

is going to complete. Such a delicate and high precision device would provide highlight to the researches in astronomy, ~~go~~ geodesy and geophysics.

The Shanghai Observatory is very interested in lunar and satellite laser ranging. Due to the promotion of Prof. Kuo ~~and~~ as well as your successful visit last summer, friendly and scientific connection of our two observatories is more strengthened now. Please allow me to express my heartly thanks to you, to Dr. Silverberg and to Prof. Kuo.

We shall make some arrangement about our visiting schedule and the persons involved, and ~~afterward~~ then, I shall contact with you.

With best wishes to you and Mrs. Smith.

~~I remain,~~

yours truly

~~Yeh Shu-hua~~

Yeh Shu-hua
Director ~~of the~~
Shanghai Observatory

△▷叶叔华关于接受访美邀请的复函

外科张金

小儿外科学专家——张金哲

张金哲（1920 年 9 月— ），出生于天津市宁河县，我国著名小儿外科专家，中国工程院院士。1946 年毕业于上海医学院。1950 年在北京大学医学院建立小儿外科专业，成为中国小儿外科重要创始人之一。1955 年调入新建北京儿童医院。1986 年担任首都医科大学附属北京儿童医院小儿外科特级专家、教授、博士生及博士后导师。从医六十年来，张金哲为万余名儿童操刀手术，直到 90 多岁还在坚持为儿童解除病痛。张金哲技术精湛，医德高尚，远近知名，可以说是中国声望最高的儿科医生，被称为小儿外科之父。2000 年获英国皇家医学会“丹尼斯·布朗金奖”，此奖项被认为是小儿外科界的诺贝尔奖；2002 年获印度“甘地（RK Gandhi）金奖”。2004 年和 2006 年先后被授予香港及英国皇家医学会外科学院荣誉院士称号。

张金哲被称为中国的“小儿外科之父”，不仅是他精湛的技术，也是他开创了中国的小儿外科，更因为他对待每一个孩子都有一颗“父亲”般的仁爱之心。

1. 创建小儿外科

张金哲大学毕业后进入北京大学第一医院（简称北大医院）外科工作，但当时并没有确定小儿外科专业方向。1950 年，卫生部决定在北京召开第一届全国卫生工作会议。会上，张金哲向参会代表展示了北大医院近两年的外科死亡率，其中小儿病死率是 29.6%，而成人的病死率是 4%，通过数据说明了专门建立小儿外科的重要性，参会医生纷纷赞同，因此会上就确定了要建立小儿外科。

北大医院综合考虑后，推荐张金哲做小儿外科医生。张金哲知道小儿外科的基础几乎是一片空白，需要从头做起，但是他还是毫不犹豫地同意了。之所以毫不犹豫地做小儿外科医生，是因为之前遇到的两件事对他触动很大。

在张金哲还做住院医师的时候，一天他正在值夜班，一个男人急急忙忙抱着一个一岁的孩子跑进急诊室。这位抱孩子的人是张金哲的一位中学老师，他见是张金哲值班，心里感觉孩子有救了！经检查孩子患了**白喉**，已经不能呼吸、面色紫黑，情况十分危急。张金哲赶紧给孩子进行人工呼吸、打强心针，同时叫总住院医师。总住院医师赶到后，听了孩子的心跳，又翻看孩子的眼皮，说“别抢救了，开死亡证明吧。”当时全室非常安静，张金哲不敢抬头看老师，低头写死亡证明。老师一言未发，拿着死亡证明，抱起孩子出门而去。从此以后，张金哲再也没敢打听这位老师的情况，也从未与他联系过。假如紧急施行气管切开术，孩子也许不会死。这件事成了张金哲心中的一个遗憾。

▷**白喉**是一种急性呼吸道传染病，容易在春秋两季发生，儿童和成人都有可能患上白喉。从 1978 年开始，中国的新生儿都要注射百白破疫苗，其中“白”指的就是白喉。文中的这个病例发生在强制注射百白破疫苗之前，由此可以看出白喉的危险性。

另一件事发生在张金哲自己身上。张金哲的二女儿出生时，全国很多城市的产科病房正在流行一种恶性传染病，婴儿多在出生后三天发病，无一幸存。张金哲的妻子害怕孩子染上这种病，产后第二天就出院了。可不幸的事还是发生了。当孩子的大姨把孩子送到医院后，张金哲知道，如果按常规治疗孩子必死无疑，于是大胆为孩子作了**切开引流**，孩子奇迹般地活了下来，成为当时得这种病之后第一个活下来的孩子。

为什么之前没有医生这么做呢？根据当时的外科原则，只有化脓感染发展到一定程度才能做手术，不论中医还是西医都不敢给刚出生的婴儿行切开引流术，只能进行抗菌治疗。这种病的病原体是**金黄色葡萄球菌**，具有抗药性，所以医生们也是束手无策。虽然张金哲也和一些医生讨论过，认为应该早点把感染性液体引流到体外以防止扩散，但这是违反常规的做法，并且院领导也认为做切开引流的根据不足，万一做了这种手术无效反而导致患儿死亡，责任重大。女儿的患病给予了张金哲抛开顾虑进行手术的机会，奇迹才得以出现。有了这次成功的经验，再遇到类似情况的患儿，张金哲照样进行手术，孩子也都幸存了下来。这件事让张金哲认识到，当时小儿外科的死亡率高与落后的治疗手段有关，并且医生们喜欢墨守成规，没有专门研究小儿外科的动力。

经历过这些后，张金哲带着创建小儿外科的艰巨任务回到了北大医院。儿科主任给了他 5 张病床，外科主任给他安排了医生，小儿外科就这么起步创立起来。同时，上海、武汉等地的一些医院也创建了小儿外科。

1955 年，儿童医院正式开业，张金哲被借调到儿童医院，任务是建立儿童医院的小儿外科。那时候医院里的儿科大夫都是内科医生背景，没有外科知识。张金哲从最基础的开始教起，手把手地传授外科技术。

◁ **切开引流**是把脓肿切开，将其中的脓液引流到体外，防止脓液扩散。很多疾病都会形成脓肿，有些疾病需要等待脓肿发展到一定阶段之后再切开引流，另一些疾病则可以在脓肿刚出现时切开引流。

◁ **金黄色葡萄球菌**是一种常见细菌，常寄生在人和动物的皮肤、鼻腔、咽喉、肠胃、化脓疮口中，空气、污水等环境中也无处不在。

2. 当好医生绝不仅靠医术

张金哲认为，小儿外科医生除了外科技术之外，更重要的是要关心患儿。他曾说过，“小儿外科手术条件好的国家为避免严重的漏诊和并发症，有 20% 的急腹症患儿被当作急性阑尾炎开刀了，而我们（指 20 世纪 70 年代初）却有 20% 的小儿急性阑尾炎发展成腹膜炎时才开刀。这些差异尽管反映了科学技术水平有差距的一面，但更重要的是反映了对患儿疾病关心的程度。盲目开刀和延迟开刀都是错误的”。

张金哲对患儿的关心体现在他对每一个患儿的治疗上。如最初采用非手术疗法治疗**胆道蛔虫症**时，需要用十二指肠引流管注药引流胆汁，并促使窜入胆总管的**蛔虫**退出。普通的十二指肠引流管对小儿使用成功率低，张金哲采用了在十二指肠引流管端加水银袋的方法，使引流成功率大大提高，而且减少了下管时间。不过，对安全性的担心让大家惴惴不安：“万一水银袋破了怎么办？水银有毒！”为此，张金哲查阅了大量文献，确认不会引起汞中毒，而且为确保安全性还加固了水银袋，亲自守护在患儿身旁观察。最终，这种治疗方法得到普及，并取得了很好的疗效。张金哲对工作的认真、对患儿的关心……让大家感动。

张金哲一直记得周恩来总理说过的一句话：“我们都讲知识就是力量，但知识要交给老百姓才是力量。”那么，作为一名儿科医生，怎样把知识交给老百姓呢？为此，他非常重视在平时的工作中融入科普教育。以前住医院宿舍时，他下班后尤其是晚上常到病房看看，和家长聊聊天、谈谈孩子的病，把病的来龙去脉给家长讲透、讲深。患儿家长

▷**胆道蛔虫症：**随着肠道环境的变化，小肠中的蛔虫可能游走，经过十二指肠钻进胆道中，引起胆道蛔虫症。蛔虫钻入胆道会引发右腹部疼痛。为了防止感染寄生虫，应该养成经常洗手、认真清洗食物、不喝生水的习惯。一般来说，越是城市建设比较先进、公共卫生做得好的地方，蛔虫病或者类似的寄生虫病就越少见。

▷**蛔虫**是一种较为常见的人体寄生虫，成年蛔虫一般寄生在小肠中。蛔虫会在人的肠道内产卵，虫卵随粪便排出体外。假如喝了被虫卵污染的水或者吃了被虫卵污染的食物，虫卵就会进入人体，在体内孵化成幼虫、发育成成虫。如此循环。

非常爱听张金哲给他们讲病情，不管是自己孩子的病还是别的患儿的病，家长都愿意听。张金哲不仅在病房里讲解病情，坐长途车时也在车上给乘客讲医学知识，走到哪儿都不忘传播医学知识、开展科普教育。

张金哲平时出门诊的时候，一方面给患儿家长耐心讲解，另一方面还专门打印了一些常见病的小便条，内容简洁实用，赢得了无数家长的赞誉。他这样做的目的是向家长普及医学知识，并最终有益于孩子的健康成长。

张金哲还喜欢亲自给患儿家长写回信。北京儿童医院每年都要回复大量的群众来信，张金哲作为小儿外科首席专家，经常亲自为来信者解释病情，而且经常指示医生们做好回复群众来信的事。他有时甚至主动约患儿来院由他诊治，或介绍到邻近有小儿外科的医院诊治。

曾经一位家长在来信中向他提出了以下几个问题：

一般什么情况下会出现输液“水中毒”？

水中毒的症状是什么？

常见的输液后不良反应有哪些？

是不是小儿重度缺水后就不能静脉输液了，而应该口服补液盐？

一般提倡小儿生病后是输液好，还是吃药好？

对上面提到的最后一个问题，张金哲是这样回复的：

基本原则是尊重患儿的情况，只要患儿能吃、不

谭翔 （家庭医药）

张喜梅同志：你好！从你来信看来，你的女儿是患有漏斗胸畸形，但是不严重，估计不影响呼吸、循环、生命、健康。有可能经过以后的扩胸运动，可以逐渐有一些好转，乳房发育后可以不太明显。可查一下呼吸功能、肺活量、心电图。即使有些变化，很少影响到生理功能。然而漏斗胸在理论上胸腔缩小，肺活量减低，影响健康发育生长，应该矫正。然而这种严重畸形毕竟是少数。但是，即使很轻的畸形也使患儿感到不正常而产生自卑心理。特别是家长的心理负担，把孩子当成病人，带他到处看病，限制饮食、运动，放松管教，加重孩子的特殊化心理，反而成了手术的主要指征。因此多数手术实际上属于美容手术，手术安全性与效果的完美性要求都上升了一个档次。随着社会经济文化的发展，这种要求日益增高。

畸形的治疗只能靠手术。胸廓矫形手术历史很长，方法多样。从复杂的多处切断胸骨、肋骨再缝合加内外固定矫正，到胸骨反转手术，到胸骨悬吊慢性向外牵拉术。五花八门，各有优缺点。有的打击大、出血多，有的效果差、疗程长。近来施行“微创纳斯（Nuss）手术”，通过腋下小切口，用腹腔镜在胸腔前壁胸骨下放一个“内支架”（金属杠子），矫正畸形，两年以后再将支架取出。此法比较符合安全、简单、美容的要求。国内外广泛流行。国内大城市中心医院多有几十例、上百例的成功经验。个别也有术后复发、支架移位、或原始畸形复杂而不满意的病例。为了美容，严重合并症是不允许的。遗憾的是，所用的内支架（金属杠子）必须是美国专利产品，加重了手术费用。

张金哲答

△ 2010 年张金哲给患者的回信（电子邮件）（存于采集工程数据库）

吐，吃药总比注射、输液更安全。有些药不能口服或计量与吸收有特殊要求，才需要注射、输液。输液要看缺水（渴），有人为了给药方便就要求输液，但只要是有条件的医院最好不要如此。

随着电脑的普及，电子邮件逐渐替代了信件，张金哲第一时间掌握了电脑的使用及上网收发邮件的方法，开通了自己的博客，科普宣传医学知识、回复提问。

除了耐心向患儿家长和身边的人科普医学知识之外，张金哲还有自己对科普的一套方法论。他认为：医生在看病的时候，能在三五分钟内把病给患儿家长讲懂就是最好的科普；把常与患儿家长谈的话印成材料，就是科普读物；患儿或家长理解了再给别人讲，比医生直接讲更有效。一个好医生必须钻研如何给不同人群讲病，患者听懂、爱听，就是好的科普。对不同文化水平的对象和不同能力水平的人，采用不同的方法加以宣传和教育，其实这就是因人施教。说起来容易，但做起来相当难，因为著名的专家往往事情繁多，很难抽出时间创作大众化的科普作品，甚至还有极少数人看不起科普工作。

张金哲以身作则，先是在报刊及电台宣传一些儿科和儿外科常见病知识，后来又主编了大部头的著作，如《小儿常见病问答》《小儿家庭急救事典》等。在担任北京市科普作协及全国科普作协理事期间，他还编修各种科普文章，组织中青年参加科普写作。在他的推动下，北京儿童医院还曾定期出版专门的科普小册子，宣传效果良好；在他的带领示范下，一大批年轻医生从事科普工作，造福无数孩子和家长。

由于在科普工作上的长期坚持，张金哲被授予“突出贡献科普作家”的称号，这一切都是因为他不仅把自己看作看病的医生，更是把医学知识传播给人民群众的传播者。所以说，一个好医生不仅能帮助自己的患者，还能帮助千千万万没有生病的人；不仅能治好病，还能帮助人们少得病。

生物化学家——张树政

张树政（1922 年 10 月—2016 年 12 月），河北束鹿人。生物化学家，中国科学院院士，我国第一位生物化学领域的女院士。1945 年于北京大学毕业后留校任教，1954 年进入中国科学院菌种保藏委员会（中国科学院微生物研究所前身之一）工作，主要从事黑曲霉、白地霉、红曲菌淀粉酶、糖苷酶及糖生物工程研究。20 世纪 50 年代初分析比较了酒精工业不同种曲霉淀粉酶系的组成，确定了黑曲霉的优越性；60 年代初阐明了白地霉的木糖和阿拉伯糖的代谢途径，纯化了木糖醇脱氢酶并证明为诱导酶；发现白地霉中有甘露醇，阐明了其合成途径；发现并纯化了 NADP- 甘露醇脱氢酶；70 年代初首次得到红曲霉糖化酶的结晶，研究发现不同分子型有构象差异并证明由糖基化引起；80 年代选育出 β- 淀粉酶高产细菌，其活力当时在国际上领先；首次发现了有严格底物专一性的 β-D- 岩藻糖苷酶。

作为我国第一位生物化学领域的女院士，张树政一生辛勤耕耘，默默奉献，为中国微生物事业的发展贡献卓著。

1. 科学家不是一天炼成的

张树政从北京大学毕业时正赶上日本投降。在动荡的社会背景下，张树政在学校做起了助教，赋闲时间靠当家教补贴家用。新中国成立后，各方面的建设都步入正轨，这时有同学介绍她到重工业部综合工业试验所（后更名为化工研究所）酿造室及合成树脂室任技师。在这里，张树政遇到了工业微生物学家**方心芳**。在方心芳的指导下，张树政的微生物学水平逐渐提高。

虽然当时中国的重工业还没有得到大发展，但是轻工业是有一定基础的，比如酿酒行业。方心芳就曾利用自己的微生物学专业知识，改进了高粱酒的**酒曲**，提高了高粱酒的出酒率。作为方心芳的学生，张树政也开始了这方面的研究——如何提高酿酒过程中的粮食利用率，进而节约粮食。

酿酒的过程是把淀粉分解成葡萄糖，再把葡萄糖转化成酒精。在这个过程中，把淀粉分解成葡萄糖需要**淀粉酶**，而很多微生物能够产生淀粉酶。新中国建立初期，中国酒精工业一般采取**米曲霉**或**黑曲霉**作为菌种，产生淀粉酶分解淀粉、生产酒精。方心芳给张树政的工作是筛选糖化酶活性强的曲霉。张树政通过实验发现，虽然米曲霉最初水解淀粉比黑曲霉快，但一段时间后黑曲霉的水解率远高于米曲霉，并因此得出结论：黑曲霉作为产生淀粉酶的微生物最合适，能够最大限度地利用粮食。

实验中还有一个意外发现：黑曲霉中有两种酶，分别是麦芽糖酶与淀粉糖化酶，但只有淀粉糖化酶可以水解淀粉，而麦芽糖酶不能。张树政是第一个发现黑曲霉的这

▷**方心芳**（1907.3—1992.3）：中国微生物学家，中国科学院院士，我国现代工业微生物学开拓者、应用现代微生物学的理论和方法研究传统发酵产品的先驱者之一。他研究过酵母菌和其他几种真菌或细菌，将中国的传统发酵工业现代化；研究过酿酒、酿醋、豆瓣酱、腐乳、泡菜等问题，为总结和发扬我国应用微生物学的卓越技术做出了贡献。

▷**酒曲**是中国特有的酿酒发明。最原始的酒曲是自然发酵或者长芽的各种谷物，后来演变成混合高温蒸煮的各种谷物、保温发酵而制成的酒曲。酒曲上生长有大量微生物和微生物所分泌的酶（淀粉酶、糖化酶和蛋白酶等）。酶具有生物催化作用，可以加速将谷物中的淀粉、蛋白质等转变成糖、氨基酸。糖分在酶的作用下分解成乙醇，即酒精。

▷**淀粉酶**是水解淀粉和糖原的酶类总称，有很多种不同的淀粉酶，淀粉酶的应用非常广泛。比如，人的唾液中就存在唾液淀粉酶。

两种差异酶的人，当然这个发现也离不开实验室的各位同事。

张树政接到的另一个任务是研究**沼气**发酵的过程中，哪种菌种最好用，哪些原料最适合产生沼气。工作进行一段时间后，张树政团队发现当时微生物学界对于沼气发酵的机制和参与发酵的微生物了解太少，甚至完全搞不清楚到底有哪些菌种参与了发酵。这让张树政明白了科学研究如果相关的基础研究不充分，是不可能解决实际生产问题的。

◁**米曲霉、黑曲霉**都属于真菌，可以产生多种不同的酶，在制酱、酿酒、制醋工业中起到重要作用。

◁**沼气**的主要成分是甲烷，同时混合有二氧化碳、氮气、氢气、硫化氢等气体成分。沼气是有机物在厌氧环境中由微生物发酵产生的。

2. 坚持真理不畏困难终有成

1955 年，张树政被调到中国科学院菌种保藏委员会，这里正急需专业人才。

随着张树政的学术水平不断提高，1959 年她开始了白地霉菌的研究。白地霉菌是酵母菌的一种，由于酵母菌的蛋白质含量高，所以被用来生产“人造肉”。有些酵母菌可以用稻草等无法食用的植物部位作为培养基培养，白地霉菌就是这样一种酵母菌。

张树政当时独立带领一个小组从事研究工作。她带领组员研究白地霉菌到底是通过什么样的途径把稻草里不易分解的**纤维素**等糖类物质分解成可以利用的其他糖类。经过实验分析，张树政团队发现了几种新的酶以及相应的代谢过程，研究结果在当时处于世界先进水平。

▷**纤维素**是植物细胞壁的主要成分，属于糖类物质。人类无法消化纤维素。糖类是一类重要的有机化合物，日常食用的蔗糖、粮食中的淀粉、植物中的纤维素、人体血液中的葡萄糖等均属糖类。糖类是一切生命体维持生命活动所需能量的主要来源。各种糖类都是由碳、氢、氧三种元素组成，所以又称碳水化合物。

那时，张树政的学术水平虽然高，研究工作也具备很强的创新性、处于世界前沿，但职称只是一个助理研究员。当她把研究论文投给学术杂志时，审稿的编辑唯职称论，根本不理解张树政的研究成果，也不相信一个助理研究员能够做出这么标新立异的研究结果，因此拒绝发表。为此，张树政据理力争，先后与学术杂志编辑部往返通信十余次，甚至直接向该刊主编提出意见。她回信说：

编辑部经审查后提出很多意见，认为不应当给予发表。退回后，我们又作了补充修改，并回答了所提意见。我们在讨论中增加引用了文献，并对编辑提出的问题一一作了答复……我们的研究结果可供同行科学家阅读与讨论，编辑部不能单方面的由于不能理解我们的观点而拒绝我们的论文。

经过张树政的据理力争，她的研究论文终于得以部分发表。即使没能全部发表，但研究内容在科学上的正确性是不容置疑的。而张树政从不轻言放弃的性格，在她后来的科学研究中不断得到体现。

张树政从对酶的应用研究逐步深入到对酶的结构和功能研究，研究难度越来越大。当时，国家正处于“文化大革命”时期，科学工作受到影响。在此背景下，张树政努力克服各种困难，不断推进研究工作。

1972年，张树政发现了一种由瑞典公司生产的仪器，可以对酶的结构和功能研究起到很大帮助。但是，当时根本没有钱购买，她就想自己制作一台类似的。这种仪器结构非常复杂，尤其是其中的玻璃部件很难仿制。为此，张树政找到一位善于烧制玻璃的工人，在经历了无数次的失败后，终于成功制成了类似设备，并获得中国科学院重大科技进步奖。

张树政百折不挠、敢于较真儿、勇于面对问题和解决问题的品质对于科学研究是难能可贵的。她没有国外留学经历，并且只有学士学位，也没有得到过特殊照顾，但是在漫长的岁月中却取得了突出的学术成就，这与她的坚持、执着是分不开的。

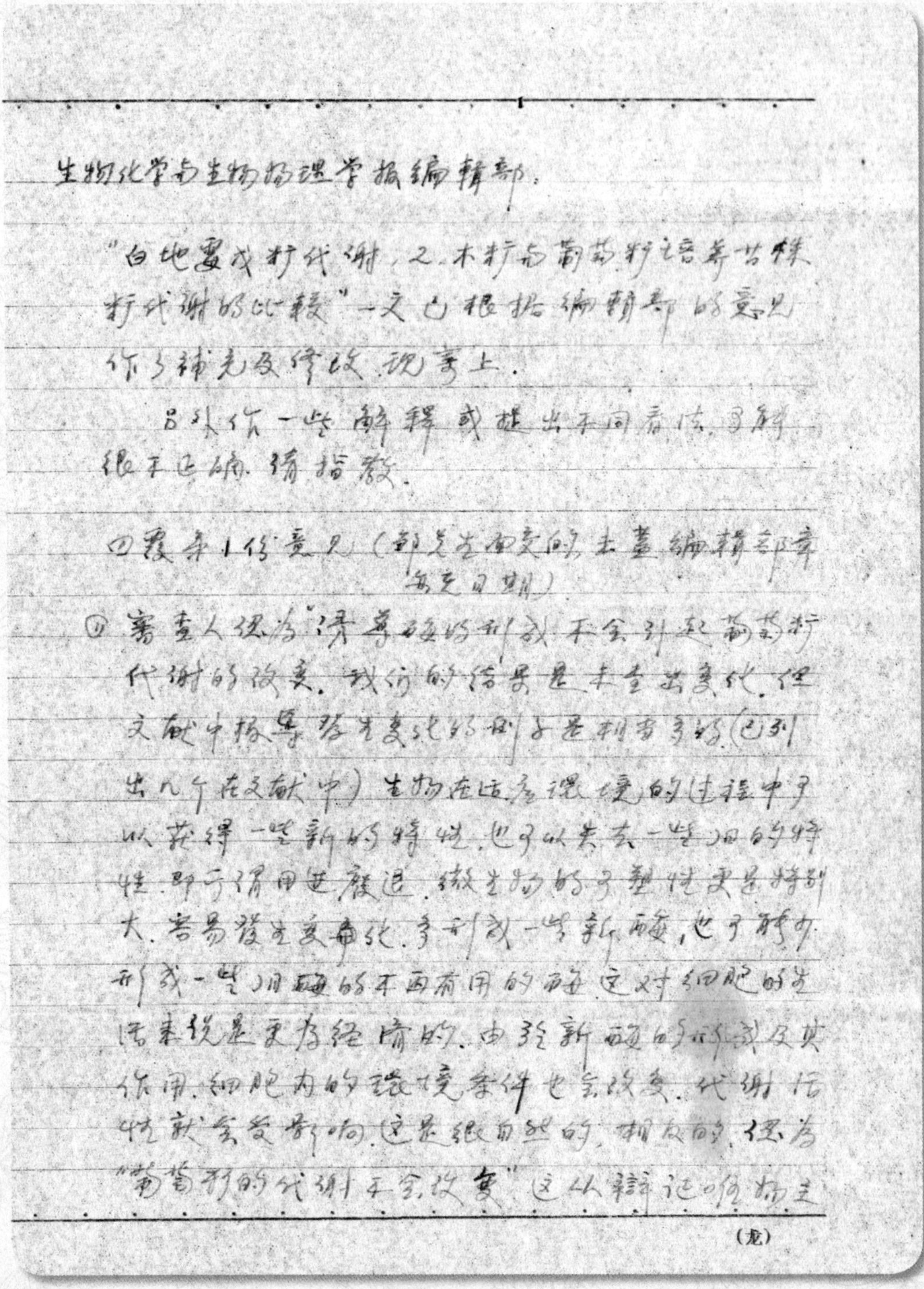
生物化学与生物物理学报编辑部：

"白地霉戊糖代谢、乙、木糖与葡萄糖培养当株糖代谢的比较"一文已根据编辑部的意见作了补充及修改，现寄上。

另外作一些解释或提出不同看法，了解很不正确，请指教。

回复第1位意见（郭先生审定的，主要编辑部审查日期）

① 审查人认为"诱导酶的形成不会引起葡萄糖代谢的改变，我们的结果是未查出变化，但文献中报导发生变化的例子是相当多的（已列出几个在文献中）。生物在适应环境的过程中可以获得一些新的特性，也可以失去一些旧的特性，即所谓用进废退。微生物的可塑性更是特别大，容易发生变异，可形成一些新酶，也可能失掉一些用不着的酶，这对细胞的生活来说是更为经济的。由于新酶的形成及其作用，细胞内的环境条件也会改变，代谢活性就会受影响，这是很自然的。相反的，认为"葡萄糖的代谢不会改变"这从辩证唯物主

（龙）

△张树政与《生物化学与生物物理学报》编辑部的通信

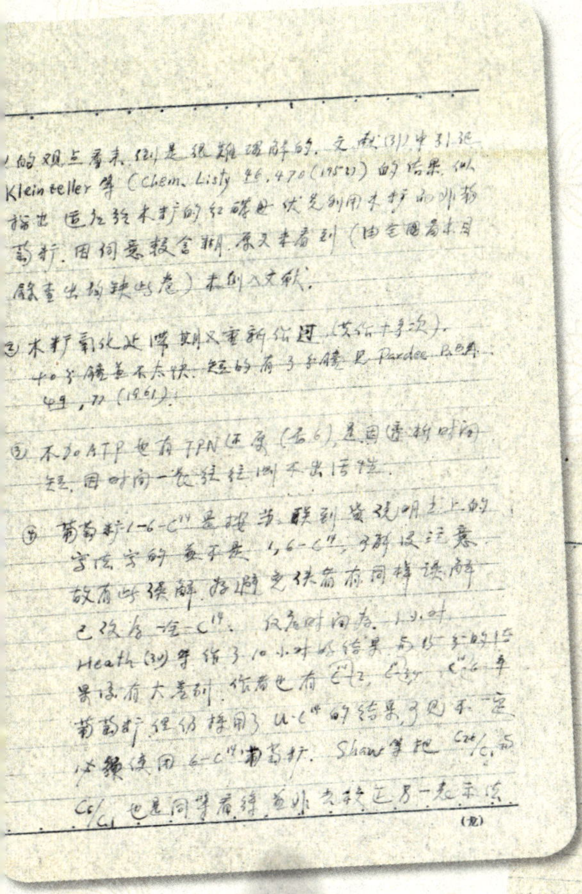

……的观点看来，倒是很难理解的。文献(31)中引证
Kleinzeller 等（Chem. Listy 46, 470 (1952)）的结果，似
指出适应于木糖的红酵母[illegible]利用木糖而非葡
萄糖，因词意较含糊，原文未看到（由于图书馆目
录查出均缺此卷）未列入文献。

② 木糖氧化[illegible]期又重新作过（共作十多次）。
40分钟并不太快，短的有5分钟，见 Pardee, B.B.A.
49, 77 (1961)。

③ 不加ATP也有TPN还原（表6），是因透析时间
短，因时间一长往往则不出活性。

④ 葡萄糖-1-6-C^{14} [illegible]
[illegible] 1,6-C^{14}，[illegible]
故有此误解，[illegible]有同样误解，
已改为[illegible]-C^{14}。反应时间为1.5小时。
Heath (31) 等作了10小时的结果[illegible]
[illegible] C^{14}-2，C^{14}-3,4，C^{14}-6 [illegible]
葡萄糖，但仍採用了U-C^{14}的结果，可见不一定
必须使用6-C^{14}葡萄糖。Shaw 等把 C_{2}/C_{1} 与
C_{6}/C_{1} 也是同等看待[illegible]

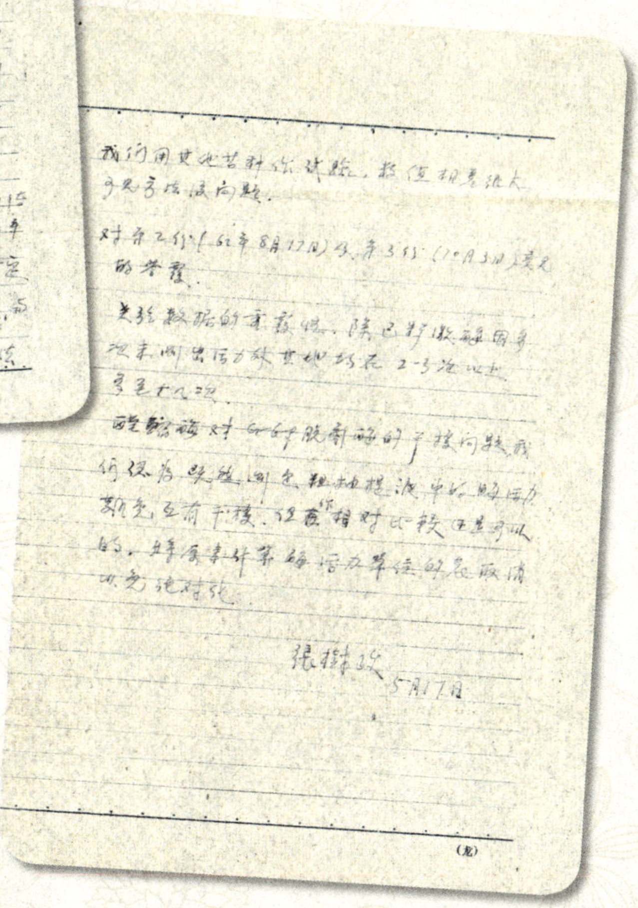

我们用其他材料作试验，数值相差很大，
可见方法没问题。

对来文(62年8月17日)及来函(10月3日)意见
的答覆。

实验数据的重复性，除已将数据用多
次来测出活力外，其他均在2-3次以上，
多至十几次。

醛缩酶对G-6-P脱氢酶的干扰问题，我
们认为既然测定粗抽提液中的酶活力，
难免互有干扰，但在作相对比较时是可以
的。本文并未计算酶活力单位的绝对值，
以免绝对化。

張樹政
5月17日

△▷张树政与《生物化学与生物物理学报》编辑部的通信（续）